区块链技术培训类教材系列

区块链技术基础教程

谭粤飞 陈新 程宇 主编

Basic Course of Blockchain Technology

东北财经大学出版社
Dongbei University of Finance & Economics Press

大 连

图书在版编目（CIP）数据

区块链技术基础教程 / 谭粤飞，陈新，程宇主编. —大连：东北财经大学出版社，2020.5

（区块链技术培训类教材系列）

ISBN 978-7-5654-3839-4

Ⅰ. 区⋯ Ⅱ. ①谭⋯ ②陈⋯ ③程⋯ Ⅲ. 电子商务-支付方式-技术培训-教材 Ⅳ. F713.361.3

中国版本图书馆 CIP 数据核字（2020）第 056207 号

东北财经大学出版社出版

（大连市黑石礁尖山街 217 号　邮政编码　116025）

网　　址：http：// www.dufep.cn

读者信箱：dufep@dufe.edu.cn

大连图腾彩色印刷有限公司印刷　　　　　　东北财经大学出版社发行

幅面尺寸：185mm×260mm　　　　字数：235 千字　　　　印张：11.25

2020 年 5 月第 1 版　　　　　　　　　　　2020 年 5 月第 1 次印刷

责任编辑：张晓鹏　徐　群　石建华　　责任校对：郭海雷　石建华
　　　　　赵　楠　周　晗

封面设计：张智波　　　　　　　　　　　版式设计：原　皓

定价：98.00 元

教学支持　售后服务　　联系电话：（0411）84710309
版权所有　侵权必究　　举报电话：（0411）84710523
如有印装质量问题，请联系营销部：（0411）84710711

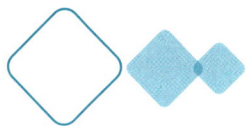

编委会

前言

区块链技术是近十年来信息技术领域一门新兴的技术。

区块链技术自诞生之日起，其颠覆性意义、潜在应用场景和巨大的商业价值就引起了世界各国的高度重视：

美国政府将区块链技术的发展视为国家战略。

日本政府将区块链技术视为救国利器。

韩国政府将区块链技术的发展提高到关乎国家安全的高度。

我国更是在2019年10月24日由习近平总书记主持的中共中央政治局第十八次集体学习上，把区块链作为核心技术自主创新的重要突破口。

毫无疑问，区块链技术已经成为全球科技竞争的重要手段。

区块链技术的发展和应用离不开科技人才的参与和投入，而我国在区块链科技人才方面却极度匮乏，这一方面是由于区块链技术诞生和发展的时间不长、人才积累不够；另一方面是由于可用于区块链技术培训和辅导的课程及教材不足。而区块链技术方面的教材不足则显得尤为突出。

虽然市面上关于区块链技术的图书非常多，但这些图书要么在某些方面过于深奥，要么在某些关键技术上介绍不详，因此难以适应不同层次读者的需求。鉴于此，我们编写了本书。

区块链技术是一门涉及密码学、分布式系统、计算机网络等诸多领域的综合技术，一本书无法对每一个领域都作精深的讲解和分析，因此我们着重选取了密码学中的非对称加密技术、分布式系统中的共识算法以及区块链技术独有的智能合约编程这三个领域，对每个领域的基础知识和应用案例进行了讲解。

我们希望完全没有技术背景的初学者阅读完本书后能够了解区块链技术的关键领域，抓住区块链技术的核心；有一定计算机或区块链技术基础的专业人士阅读完本书后能掌握区块链技术关键领域的基础理论；计算机或区块链技术领域的资深人士阅读完本书后具备在区块链技术关键领域进行深入研究的能力，走到区块链技术的最前沿。

本书第一章介绍了以比特币、以太坊为代表的数字货币的发展简史、区块链的基本特征、分类及一些典型的应用场景。第二章重点介绍了比特币、以太坊这两个数字货币的基本技术、区块链技术的关键术语。第三章介绍了密码学的基本概念以及区块链技术中常用的加密技术。第四章介绍了分布式系统中共识机制的由来以及五种常用的共识算法。第五章介绍了以太坊智能合约的编写、调试及运行。第六章详细介绍了以太坊智能合约编程语言Solidity。

在本书的编写过程中，我们得到了深圳市腾盟技术有限公司的全力支持和详尽指导，腾盟公司上至领导下至一线工程师都对本书的内容编排和案例分析给出了宝贵意见和难得的实战经验。在此，我们编委会表示由衷的感谢，并祝腾盟技术有限公司在区块链技术上的研发和应用上更上一层楼。

由于时间仓促，加之我们的能力和认知有限，本书难免有各种错误和疏漏，敬请读者斧正、赐教。

编委会

2020.2.18

目录

▶ 第一章　数字货币及区块链简介

● 1.1　比特币的诞生及发展简史

1.1.1　比特币的诞生

诞生于 2008 年全球金融危机之后的比特币在短短 10 多年的时间里创造了一系列史无前例的奇迹：其价格从一文不值到最高接近 2 万美元；其发明人中本聪在网上活跃了一年左右便销声匿迹，至今身份不明；原本默默无闻的一群新生代凭借比特币价格的暴涨成为令人瞩目的财富新贵……

比特币带来的这一切看似突然，实际上却萌发自 20 世纪 70 年代密码学的蓬勃兴起。

20 世纪 70 年代之前，密码学的应用在各国都被政府严格控制，直到 1970 年，经过美国政府的批准，一个商用密码方案即我们今天知道的 DES（Data Encryption Standard）——数据加密标准才出台。自此，密码学开始进入民用及商用领域。

密码学进入民用及商用领域之后，大量科学家和工程师在密码学的研究和应用领域作出了巨大的贡献，他们卓越的工作推动着密码学的发展和应用飞速前进。在这个过程中发展出一股思潮，即希望利用密码学技术建立一个保障隐私和平权的社会。

1993 年，Intel 的资深科学家 Tim May、UC Berkeley 的数学家 Eric Hughes、开源软件的早期核心人物之一 John Gilmore 共同创立了"密码朋克邮件列表"。

1993 年，Eric Hughes 发布《密码朋克宣言》（A Cypherpunk's Manifesto）。

《密码朋克宣言》的诞生宣告密码朋克正式成为一项运动。密码朋克运动兴起后迅速发展，诞生了一大批知名的科学家和工程师。除了前面我们提到的 Tim May、Eric Hughes、John Gilmore 以外，还有许多先驱开创了一系列极具创新性的技术。比如，David Chaum 在 20 世纪 90 年代发明了可以算得上加密货币始祖的 Ecash；Neal Koblitz 和 Victor Miller 在 1985 年提出了基于椭圆曲线的算法 ECC，这个算法成为后来比特币的核心算法；Stuart Haber 和 Scott Stornetta 在 1991 年发表论文《How to Time-Stamp a Digital Document》（《如何为电子文件添加时间戳》），提出了后来在区块链技术中广泛应用的时间戳技术；Philip Zimmermann 在 1991 年发布邮件加密软件 PGP（Pretty Good Privacy），比特币白皮书的作者中本聪就是 PGP 的忠实粉丝，他的邮件都是通过 PGP 发出的；Wei Dai 在 1998 年提出了匿名的、分布式的加密货币系统——B-money，B-money 的设计中有很多关键技术后来被比特币借鉴；Hal Finney 在 2005 年提出了可重用的工作量证明机制（Reusable Proofs of Work，RPOW），它直接影响了后来比特币的共识机制……

在众多先驱们前赴后继的努力下，比特币所依赖的各种技术逐渐成熟起来。

北京时间2008年11月1日，一位网名为中本聪（Satoshi Nakamoto）的用户在网络上发表了比特币白皮书《Bitcoin：A Peer-to-Peer Electronic Cash System》（《比特币：一种点对点的电子现金系统》），并在北京时间2009年1月3日创建了比特币的第一个区块，也就是创世区块。创世区块的问世标志着比特币从理论变为现实。

比特币系统的发明是为了解决传统银行在转账过程中遇到的一些问题：转账交易的成本高；交易双方的个人信息被金融机构过度索取，严重侵犯隐私等。中本聪在比特币白皮书中提出了一套全新的系统。这套全新的系统吸收了密码学、计算机科学等多个领域中的成果。

那么比特币的工作原理是怎样的呢？既然它是为了解决传统银行转账过程中出现的问题，那我们就先来看看在传统的银行系统中两个账户之间是如何转账的。

客户A和B都在某银行有账户。当A要向B转账1万元时，这个请求会提交到银行的中心服务器，服务器会检查A的账户余额是否大于1万元，如果大于1万元，就把A账户的余额减去1万元，然后把B账户的余额增加1万元；否则，系统会拒绝这笔转账请求。所以在传统的银行系统中，所有的记录和交易处理都在中心服务器上进行。

但如果没有中心服务器，这个过程该如何进行并确保正确呢？中本聪提出的方案是把处理过程中的主体由单一的中心服务器变为系统中的每一个参与者，这样就不需要中心服务器了。

上面的例子在比特币系统中会被这样处理：假如系统中总共有1万个比特币全节点，则每个全节点都会有这1万个节点的账户信息。当任何一个节点向另一个节点转账时，系统中这1万个节点中的每一个都会对这笔交易进行校验，只有至少得到5 001个节点的校验，该笔交易才被认可执行。

比特币对交易双方信息的处理也与传统的银行系统不同。在传统的银行系统中，每个用户都向系统提交详细的个人信息，这些信息被用来处理交易纠纷。而在比特币系统中，交易双方无须留下身份信息，任何电脑都可以参与比特币系统的交易。

在比特币系统中，由于任何电脑都可以自由加入（这个系统），因此完全有可能出现某些"图谋不轨"的节点进入系统，在系统中作恶的情况。在这种情况下，为了维护系统安全，比特币系统引入了"共识机制"（Consensus）。

"共识机制"是一套保障系统正常运转的算法规则。每一个参与比特币系统的节点电脑都要遵循"共识机制"，被激励主动参与保障系统安全的活动。这种参与保障系统安全的活动通常就被称为"挖矿"。"挖矿"的过程实际上是解答系统出的数学题的过程，最先解出题的全节点会得到系统的奖励，这个奖励就是比特币。这种奖励机制就是比特币的发行机制。

因此，比特币系统不仅实现了无须传统的第三方中介机构就可以完成任意两个账户之间的电子转账，而且无须交易者提供身份信息。更进一步，它的挖矿奖励机制实际上是在没有中央银行的情况下实现了发行货币的功能和机制，且这套货币发行机制严格受到算法的控制和约束。这和现代社会中央银行在某种程度上不受限制地发行货币的机制形成了鲜明的对比。

在中本聪构造的创世区块中，他留下了这样一段话："The Times 03/Jan/2009 Chancellor on brink of second bailout for banks"。这是 2009 年 1 月 3 日英国《泰晤士报》的头条新闻标题，意思是"财政大臣正处于实施第二轮银行紧急援助的边缘"。当时正值金融风暴席卷全球，各国中央银行不得不大量发行钞票以解救处于倒闭边缘的金融机构。这被认为是中本聪对货币发行不受约束的讽刺。

1.1.2　比特币和区块链

在不少人看来，比特币和区块链似乎就是一回事。实际上，在比特币白皮书中，并没有"区块链"（Blockchain）这个词。那么"区块链"这个词是怎么来的，它和比特币到底有什么关系呢？

在比特币主网上线后，其去中心化交易、去中心化货币发行和交易匿名的诸多特点让人耳目一新，逐渐从小圈子极客们眼中的"宠物"变成技术爱好者们的研究对象。比特币背后的原理和技术逐渐成为大家关注的重点。

在比特币系统中，每一笔交易都会被系统中所有的全节点记录，并被加入到一个"区块"（Block）中。系统每 10 分钟就会产生这样一个区块，并给这个区块"盖上"表明日期时间的"时间戳"（Timestamp）。这个区块由系统中所有的全节点竞争产生，第一个产生这个区块的节点就会得到比特币奖励。这些区块前后相连形成一个链式结构，这个结构后来就被大家称为"区块链"。

在比特币"区块链"的构造过程中，用到了密码学、点对点网络、共识机制、分布式系统等诸多领域的技术，这些技术不仅在比特币系统中，而且在后来诞生的所有数字货币中都得到了广泛使用，因此区块链技术逐渐从具体的数字货币中独立出来而发展成一门新兴的综合技术。具体来说，区块链用到的主要技术所起的作用如下：

（1）密码学：在区块链系统中，每一个区块所打包的交易都需要用到数字签名和公私钥加密。每一笔交易都会进行哈希运算，每一个区块都会被系统算出哈希值作为后一个区块和本区块相链接的"链条"。

（2）点对点网络：在区块链网络中，所有的全节点之间是对等连接的。与现有的中心化服务器网络不同，在对等网络中每个节点既是客户端也是服务器。

（3）共识机制：区块链系统靠共识机制激励节点参与区块打包以及维护系统安全。共识机制是区块链系统的核心，与区块链系统的安全性、可扩展性和去中心化密切相关。

（4）分布式是区块链系统的基本特点。所谓分布式，是指系统不会把所有数据仅仅存储在某一个特定的服务器或节点上，也不会仅仅由某一个特定的服务器或节点提供所有的服务。在区块链系统中，每一个全节点都存储完整的区块链账本并提供相同的服务。

1.1.3 竞争币的发展

在比特币诞生后，受到比特币的启发，世界各地涌现出一大批自发组成的技术团队，他们纷纷模仿比特币，在比特币的基础上对它的系统参数、共识机制、加密算法等进行了改进，从而派生出更多的数字货币。这些数字货币很多都与比特币有着高度的相似性，因此被称为"竞争币"或"山寨币"。

迄今为止，全世界最大的数字货币排行榜 www.coinmarketcap.com 上共收录了超过 5 000 种数字货币，并且这个数字还在增加。这些数字货币都是在比特币之后诞生的。

实际上，在比特币诞生后的相当长一段时间里，比特币都是数字货币世界中的唯一。直到 2011 年 4 月，一个新的数字货币 Namecoin（域名币）诞生了。域名币的目标是成为一个去中心化的域名注册系统。紧接着，越来越多的开发者开始在比特币的基础上进行修改，通过重置一些参数（如货币的发行量、区块产生时间、加密算法等）产生了大量新的数字货币。

在这些数字货币中，比较有名的有以下三类：

第一类是对加密算法和发行机制进行修改，典型的有莱特币（Litecoin）和狗狗币（Dogecoin）。

莱特币是由曾任职于谷歌的程序员 Charlie Lee（中文名：李启威）设计并创建的，于 2011 年 10 月发布运行。莱特币在 3 个方面对比特币进行了改进：一是将出块时间由比特币的 10 分钟改为 2.5 分钟，可以更快地确认交易；二是将发行总量由比特币的 2 100 万改为 8 400 万；三是将加密算法改为 Colin Percival 提出的 Scrypt 加密算法。

狗狗币是由 Adobe 公司悉尼市场部的职员 Jackson Palmer 和美国波特兰的程序员 Billy Markus 共同创建的，在 2013 年 12 月上线。狗狗币也基于 Scrypt 算法。它的出块时间更短，只有 1 分钟。它的发行总量没有上限，每年都有一定的通货膨胀率，第一年发行 1 000 亿个，之后通涨率由每年 5% 开始递减。

第二类是对共识机制进行修改，典型的有点点币（Peercoin）和维理币（VeriCoin）。

点点币是由 Sunny King 在 2012 年 8 月发布的。点点币的共识机制采用了基于工作量证明（Proof of Work）和基于权益证明（Proof of Stake）的混合机制。点点币的发行量没有上限，每年的通胀率为 1% 左右。

维理币是由 Douglas Pike 和 Patrick Nosker 开发，于 2014 年 5 月正式上线的。它采用了被称为基于质押时间证明（Proof of Stake Time）的共识机制，在这种共识机制下，它的交易速度几乎是比特币的 10 倍。

第三类是对功能进行创新，典型的有质数币（Primecoin）和门罗币（Monero）。

质数币是由一位匿名黑客和点点币的创始人 Sunny King 联合创立的，于 2013 年 7 月上线。质数币试图把比特币中纯粹浪费能源的计算用于解决数学难题，如寻找最大质数等。质数币每 1 分钟产生 1 个区块。其没有总量上限，质数币的产生速度与大质数的计算难度相关。

门罗币创建于 2014 年 4 月。开发团队对它的定位就是匿名。门罗币采用 CryptoNote 协议，使用"环签名"（Ring Signature）和"隐秘地址"（Stealth Address）等技术来隐藏交易数据，追求交易的安全、隐私和不可追踪等特性。

尽管"竞争币"如雨后春笋般涌现，但它们中的绝大部分都因为没有突出的特点，在后来的市场竞争中逐渐被淘汰。直到 2014 年"以太坊"出现，才再次改变了区块链及数字货币的历史。

>>>> **问题与思考**

（1）如果说比特币是"鸡"，区块链是"蛋"，比特币和区块链到底是先有鸡还是先有蛋？

（2）对密码朋克运动的支持者而言，曾经有人提出过质疑：对隐私技术的追求达到这样的地步，如果这些隐私技术被犯罪分子用于不法活动该怎么办？

● 1.2　以太坊的诞生及发展简史

1.2.1　以太坊的诞生

以太坊（Ethereum）的创始人是俄裔加拿大人 Vitalik Buterin。1994 年，Vitalik Buterin 出生在俄罗斯莫斯科。在他 6 岁那年，他跟随父亲来到加拿大。在三年级时他就展现出了卓越的数学天赋，并在 10 岁时开始学习编程。

2011 年，17 岁的 Vitalik 初次接触比特币，不久就开始了对比特币的研究，并向《比特币周刊》（Bitcoin Weekly）投稿。后来他亲自创办了《比特币杂志》（Bitcoin Magazine），并结识了不少当时比特币圈内的人物。

2013 年，Vitalik 到各国拜访了大量开发者并与他们交流、讨论，提出比特币需要一种能用于开发复杂应用的语言，并构想了一个能支持这种语言的平台。这就是日后的"以太坊"。之后 Vitalik 将自己的想法整理汇总，写出了《以太坊白皮书》。但他的想法并没有得到太多人的认可，于是 Vitalik 决定自己单干，并将《以太坊白皮书》通过他的朋友四处转发、传播。通过这种途径，他结实了一批以太坊的支持者，并建立了以太坊最初的社区。

2014 年 1 月，在美国迈阿密举办的北美比特币大会上，Vitalik 向世界展示了以太坊，随后成立非营利组织"以太坊基金会"，并于当年 7 月通过 ICO 募得 3.1 万枚比特币。

Vitalik 在推进以太坊开发的过程中，遇到了一位至关重要的人物 Gavin Wood 博士。

Gavin Wood 是一位天才程序员，2013 年开始对数字货币技术着迷，并通过朋友介绍认识了 Vitalik，从而加入了以太坊，帮助 Vitalik 完善了大量以太坊的技术细节，解决了以太坊的很多关键问题。

Gavin Wood在以太坊开发过程中所做的最大贡献就是撰写了以太坊经典的技术论文《以太坊黄皮书》，对以太坊的核心——以太坊虚拟机（Ethereum Virtual Machine，EVM）进行了详细的定义和描述。

在Vitalik和Gavin Wood的带领下，以太坊核心开发者们不懈努力，终于在2015年上线了以太坊主网。

那么以太坊和比特币相比有哪些不同呢？

从功能上说，比特币以及以太坊问世前的竞争币功能都非常简单，只能完成简单的转账交易。尽管比特币系统提供了一套脚本语言，可以对交易进行编程，但这套系统功能非常简单，无法处理复杂的业务逻辑。

以太坊最根本的改变就是对比特币脚本语言的改变，将比特币的脚本语言发展成一套"半图灵完备"的系统。所谓图灵完备，通俗地说，就是以太坊的这套系统能够编程，可以实现任何业务功能。而所谓的"半"，就是这套系统所能执行的计算步骤是有限的。以太坊的这套系统实现了信息技术上的一次重大飞跃，将"智能合约"由理论变为现实。关于"智能合约"，我们会在后面的章节中详细描述。

以太坊也发行了自己的数字货币"以太币"（ETH）。在以太坊上，每执行一个交易或者一个计算步骤，都需要消耗一定数量的以太币，所消耗的以太币被称为"燃料"（Gas）。

1.2.2 The DAO事件

以太坊诞生后，它的智能合约系统产生了巨大的威力，但与此同时，也出现了一次重大事故，这场事故直接导致了以太坊的分裂，这就是"The DAO"事件。

"DAO"是"去中心化自治组织"（Decentralized Autonomous Organization）的简称。它的目的是为营利和非营利机构创造一种去中心化的运作模式，在以太坊上依靠智能合约进行运作和管理。

这个项目在2016年4—5月发起了众筹，截至5月21日，共收到超过11 000名参与者投资的价值1.5亿美元的以太币，可见当时的投资者对这个项目参与的热情之高。但在整个众筹融资的过程中，一直有人担心其智能合约代码可能会有漏洞而受到攻击。5月，一篇公开发表的论文揭示众筹的智能合约可能存在一些漏洞。6月，一名以太坊开发者也指出了合约中的一个漏洞。6月17日，社区发现一名黑客利用合约中的漏洞盗取了The DAO所募集的以太币，总共盗取超过360万个以太币，接近项目总募资额的1/3。

这次攻击对以太坊及以太币都产生了严重的负面影响。

对于此次攻击，以太坊社区出现了两种截然不同的意见：一种认为不能任由黑客作恶而放任不管，必须想办法把损失挽回。但要挽回损失，必然会加入人为的干预。另一种认为既然以太坊上的运作由合约代码决定，那就不应该人为干预修改规则。在进退两难的情况下，以太坊创始人Vitalik Buterin权衡利弊，最终采纳了第一种意见，通过对以太坊进行硬分叉来解决这一危机。

这种方式虽然挽回了投资者的损失，但严重分裂了以太坊社区，并使以太坊分裂为两个数字货币，一个是"以太坊"，另一个是"以太坊经典"（Ethereum Classic）。

1.2.3 ICO

ICO 是 Initial Coin Offering 或 Initial Currency Offering 的缩写，翻译过来是"初始代币融资"的意思。这是区块链众筹融资的一种方式。当一个区块链项目需要资金时，项目团队会发行这个项目的通证（Token），然后将该通证售卖给对本项目看好的投资者或投机者。在 ICO 进行的过程中，项目方卖出本项目的通证，换回某些指定的通证。这些换回的通证通常是市场上有价值、容易变现为法币的通证（如比特币、以太币等）。出售的项目通证和希望换回的指定通证之间会有一定的兑换关系。

举例来说，某项目方为了项目融资发行了通证 A，并计划通过出售 A 换回比特币。项目方将通证 A 和比特币之间的兑换关系设定为每 100 个通证 A 换回 1 个比特币。项目方将此计划向大众公布后，看好该项目及通证 A 的投资者就可以参与投资，向项目方发送比特币，买回通证 A。如果最终项目方共卖出了 10 000 个通证 A，就能换回 100 个比特币。如果比特币在公开市场上的售价为 1 万美元，则项目方通过此次 ICO 融资就得到了价值 100 万美元的比特币。

这种融资方式和股票融资的 IPO 方式类似：两者都通过出售自己的权益（在 ICO 中是通证，在股市中是股票）来筹措资金；两者在发售时都面向潜在的投资者或投机者。

但 ICO 与 IPO 也有显著的不同：ICO 的参与者无任何门槛或许可；ICO 的融资方不需要任何资质或牌照，也不受任何监管机构的监管；ICO 不受法律监管，因此投资者的利益不受法律保护。

在区块链领域，最早的 ICO 是 2013 年 7 月一个名为"Mastercoin"的项目发起的。当时该项目共筹得 5 000 个比特币。ICO 自出现后便迅速发展，2013—2014 年许多区块链项目都成功地通过 ICO 筹得了资金。2014 年 7 月，以太坊成功地进行了 ICO 融资并筹得价值约为 1 800 万美元的比特币。之后人们非常偶然地发现可以利用以太坊开发智能合约进行 ICO 融资，这种融资方式的效率非常高并且非常安全。项目方要进行 ICO 融资只需要发布一套 ICO 智能合约到以太坊上，投资者只需要几分钟甚至更短的时间就可以在以太坊上完成 ICO 投资。

以太坊 ICO 上的这个应用场景一经出现便立刻风靡全球，成为各类项目进行 ICO 融资的首选平台，曾占据 ICO 市场总额的 80%。ICO 的发展在 2017 年达到高潮并创造出一系列融资神话：如 2017 年 5 月，浏览器项目 Brave 在 30 秒内成功融资 3 500 万美元；2017 年 9 月，即时交流工具 Kik 融资 1 亿美元……

然而 ICO 在发展和繁荣的同时也开始出现被滥用甚至是欺诈的现象，这一方面引发了投资者的不满，另一方面也引起了全球各国政府和监管层的高度警惕。

2017 年 9 月 4 日，中国人民银行联合网信办、工信部、国家工商总局、银监会、证监会和保监会共同发布了《关于防范代币发行融资风险的公告》（以下简称《公告》），对 ICO 融资进行彻底禁止和清退。自此，ICO 在我国被彻底禁止。

不仅我国，世界上很多国家都从 2017 年开始对 ICO 进行严格的监管。2017 年以后，ICO 融资开始逐渐退潮，现在几乎已经绝迹。

利用以太坊智能合约进行 ICO 融资是区块链应用场景的一次大规模爆发。它在历史上首次创造了无门槛、不受监管、抗审查的投融资方式。但由于这种方式缺乏监管，导致鱼龙混杂，欺诈和非法活动猖獗，最终被各国严厉监管甚至禁止。

>>>> 问题与思考

（1）为什么严格来说以太坊的智能合约系统只能算"半图灵完备"而不是彻底的"图灵完备"？

（2）为什么以太坊中智能合约的执行需要支付"Gas"？

（3）有没有可能设计一种支持智能合约的公链系统让用户完全免费地在上面执行智能合约？

（4）ICO 的优缺点分别是什么？

1.3 区块链的特征

以比特币为典型的数字货币都基于区块链技术。区块链技术主要有以下一些特点：

1.3.1 区块链的去中心化

在讨论"去中心化"之前，我们先看看什么是"中心化"。

所谓中心化，就是在一个组织或系统中，有一个中心化机构负责整个系统的调配和服务。系统中所有的个体无论做什么，开展什么活动，都要得到这个中心化机构的许可和命令。图1-1显示的就是在典型的一个中心化机构中"中心"和"个人"之间的关系。

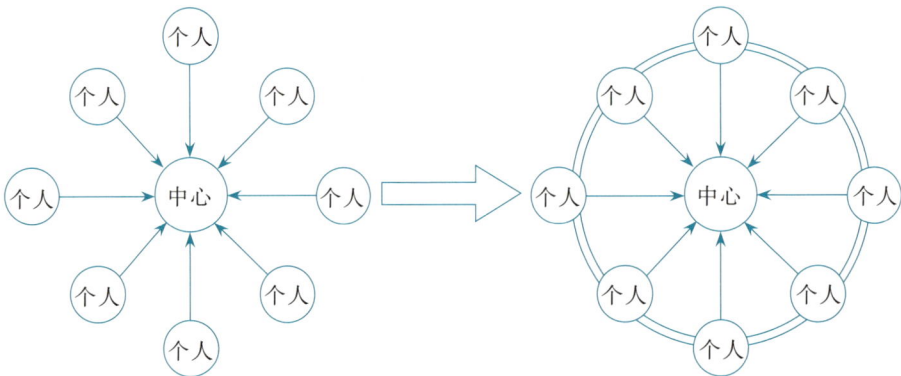

图1-1 中心化组织的结构图

从图1-1中我们可以看出，个人无论收到什么信息或者有什么问题都要向中心反馈，而中心制定出规则后会分发给所有个体，由个体执行。

现在的互联网技术就采用这种中心化方式工作，也就是俗称的"客户端/服务器"（Client/Server）模式，这种模式简称为C/S模式。在这种应用模式中，能为客户端应用提供服务（如文件服务、打印服务、通信管理服务等）的计算机或处理器，被称为服务器。与服务器相对，提出服务请求的计算机或处理器就是客户端。在这种系统中，服务器就是系统的"中心"，客户端就是系统的"个体"。

与现有互联网技术相对的区块链技术是"去中心化"的。也就是说，在区块链系统中，没有一个拥有特殊权限的中心化服务器或中心化机构。既然在区块链系统中没有这种中心化服务器，那么系统中谁来提供服务，谁来发出请求呢？在区块链系统中，每个全节点既是服务器也是客户端，在系统中的权利和义务都是对等的。每个全节点既能作为服务器为需要服务的客户端服务，也作为客户端向其他节点提出请求，因此在这个系统中就不存在拥有特殊权限的中心化服务器。这种模式也被称为基于点对点的对等网络。在这种系统中，任一节点的宕机或者失效都不会影响整个系统的运作，我们就说区块链系统在架构上是去中心化的。

1.3.2　区块链的去信任

"去信任"也是区块链系统的特点。它也是与现有社会及商业组织架构相对的一个概念。

我们先来看看"信任"在现有社会及商业组织中是如何发挥作用的。我们仍然用传统银行转账的案例来说明。在传统的银行转账中，我们所有的交易最终都要提交到银行的中心化服务器上进行验证和执行，交易双方也都接受银行中心化服务器的处理结果，因此双方都是无条件信任中心化服务器的。在互联网的"客户端/服务器"模式中，客户端的请求都会由服务器处理并接受服务器返回的处理结果，这也默认客户端必须无条件信任服务器。

而在区块链系统中，由于没有拥有特殊权限的中心化服务器，所以不存在信任某一个中心化机构或中心化服务器的情况，因为系统中任何一个遵循共识机制的全节点都可以信任，都能作为服务器响应其他节点提出的服务请求。

那么区块链系统是如何做到这一点的呢？或者说区块链系统是如何让任何一个全节点都可以被信任呢？它最根本的就是利用了非对称密钥、点对点网络、共识机制、博弈论思想等激励每一个全节点都参与系统运作，并且要在运作过程中获得利益最大化，都要选择遵循共识机制；如果不遵循共识机制甚至对系统作恶，将付出巨大代价，得不偿失。

1.3.3　区块链信息的不可篡改

区块链系统中的数据结构是由包含交易信息的区块按照先后的时间顺序链接起来的，这个数据结构就被称为"区块链"。在区块链中，除了创世区块之外，每个区块都指向前一个区块。

　　每个区块的区块头中都包含一个名为"父区块哈希值"的字段，这个区块通过存储在这个字段中的值"链接"到前一个区块（父区块）。也就是说，每个区块头都包含它的父区块哈希值。这样区块链系统自诞生起所产生的所有区块便通过哈希值前后相连，形成了区块链。

　　由于每个区块的区块头里都包含"父区块哈希值"字段，所以本区块的哈希值也受到前一个区块（父区块）哈希值的影响。如果前一个区块的任何字段信息发生变化，本区块的信息也会跟着变化。

　　当前一个区块有任何改动时，它的哈希值就会发生变化，同时迫使本区块的"父区块哈希值"字段也发生改变，从而导致本区块的哈希值发生改变。而本区块哈希值的改变又将迫使下一个区块的"父区块哈希值"字段发生改变，以此类推，后续的区块信息全部都要发生相应的改变才能保证这个区块链的有效。因此，一个区块链的规模越大，所包含的区块越多，对任何一个区块的篡改所引发的工作量也将越大。

　　由于区块链系统中每一个全节点都存储着一份一模一样的区块链数据结构，因此如果要对区块链结构进行篡改，仅仅篡改一个全节点存储的区块链是不够的，至少要同时篡改全网51%的节点所存储的区块链信息。区块链系统规模越大，所包含的全节点数越多，所要篡改的节点数也就越多，难度也就越大。

　　因此，从区块链数据本身的结构和存储区块链信息的节点数两方面看，要有效篡改区块链系统的信息，难度是相当大的。

　　这就是区块链信息不可篡改的由来。

1.3.4　区块链信息的可追溯性

　　区块链信息的可追溯性来源于区块链数据结构的特殊性。

　　在一个区块链系统中，它的链式结构都是从创世区块开始的。创世区块是整个链式结构中的第一个区块，其后，系统产生的所有区块都通过父区块的哈希值前后相连，并且最终都能追溯到创世区块。

　　由于每一个区块都包含一段时间内系统进行的交易，因此系统完整的区块链数据结构就包含了自创世区块以来系统所有的交易及交易前后的关联信息。这样，当我们追溯一笔交易时，就能够顺着该交易所在的区块向前追溯所有历史区块的信息。此外，区块链信息的不可篡改性使得记录在区块链中的历史信息可靠、可信，这也使得这种可追溯性可靠、可信。

　　这就是区块链信息可追溯性的根本原因。

　　随着区块链技术的发展，在比特币之后出现了一类特殊的被称为"匿名币"的数字货币。在这类数字货币系统中，为了增强系统的隐私性和匿名性，系统隐匿了交易信息和账户信息，使得在这类数字货币系统中，交易信息无法追溯，成为一类特殊的区块链系统。

　　而在传统的中心化系统中，所有的数据都是存储在中心化服务器上的，这些数据存在被篡改的可能性，数据的真实性和原始性无法得到保证，因此中心化系统是很难做到区块链系统所保证的信息可追溯的。

1.3.5　区块链的匿名性

区块链的匿名性主要指在区块链系统中，参与交易的双方无须向任何一方以及系统公开在真实社会中的身份信息。

我们以比特币为例，当用户希望拥有一个比特币钱包账户时，他只需要下载运行一个合适的比特币钱包软件就行了。在运行软件创建账户时，他不需要填写任何个人身份信息（包括真实姓名、身份证号、住址等信息），只需要记录下系统仅向他公开的密钥或助记词就完全拥有并掌控了这个钱包。有了这个钱包，他可以向任何其他比特币账户转账或者接收来自其他比特币账户的转账。在转账过程中，既不需要向对方公开自己的身份信息，也不需要知道对方的身份信息。

这就是区块链技术最早的"匿名性"。

然而这种"匿名性"是有一定缺陷的，虽然在转账过程中交易双方都不知道对方的身份信息，但是交易的信息（包括转账金额、转出地址、转入地址等）都能通过区块链浏览器查询到，是公开的。

例如：张三拥有比特币地址 A，李四拥有比特币地址 B，当张三给李四转账了 3 个比特币时，这笔交易的信息全网所有人都能看到。大家看到的信息是 A 地址向 B 地址转账了 3 个比特币。只不过大家不知道 A 地址是张三的，也不知道 B 地址是李四的。

然而在现实生活中，监管机构总能够通过交易的追踪和关联关系推测 A 地址可能是张三的，B 地址可能是李四的。因此，这种匿名也被称为"伪匿名"。也就是说，它不算真正的匿名。

早期的数字货币如比特币、莱特币等都是如此。后来有些极客为了将这种匿名性发扬光大，做到真正的匿名，基于比特币技术进行了大量的改进和创新，引入了多种隐匿交易信息的技术，创造了丰富多样的匿名数字货币，如门罗币（Monero）、大零币（Zcash）、古灵币（Grin）等。这些匿名数字货币的出现增强了区块链技术的匿名性。

1.3.6　区块链的自治性

区块链的自治性主要体现在区块链系统在共识机制的作用下，激励节点不断加入系统中并参与系统安全的维护和运作。

区块链系统在没有中心化机构的运作和管理下，依靠共识机制就能让系统自我运作起来，以这种方式运作的系统就类似自治的组织。比特币就是第一个这样的自治组织。但是比特币的功能比较简单，因此比特币系统的自治也比较简单。以太坊出现后，以太坊智能合约具备的"图灵完备"特性使得区块链系统能够处理复杂的业务逻辑，实现强大的自治功能。

近年来出现的去中心化自治组织（DAO）就是基于区块链智能合约的一种复杂的具备自治特性的组织。在DAO中，所有规则的制定、修改和执行都由智能合约按照预先设定的规则和参数运行。DAO的运作完全不需要中心化机构的管理和干预，在运作的过程中也不受外界的干扰和阻碍，极有可能发展成为继国家、公司和社团之后一种新兴的自治组织形式。DAO的发展甚至有可能将区块链的自治性发挥到目前我们无法想象的地步，带来广泛的应用场景，产生巨大的商业价值。

1.3.7　区块链的开放性

区块链的开放性主要体现在比特币、以太坊这样的开源数字货币系统中。它是指每个人都可以自由加入区块链并获取所有信息。区块链系统高度透明，交易信息完全公开。

在比特币网络中，任何人都可以运行比特币客户端程序，参与系统中的交易验证、挖矿等活动。每个节点都能得到自创世区块以来系统中所有的交易信息及账户信息。不仅比特币如此，几乎所有基于区块链的数字货币系统都是如此，它们的区块链数据对所有人开放，任何人都可以通过公共接口查询区块链数据并开发相关的应用程序，整个系统的信息高度透明。

传统的互联网系统也在一定程度上具有开放性，如我们可以在电子商务平台上公开查询各类商品的价格、产地、制造商等信息。互联网的这种开放性打破了传统线下系统中存在的信息不对称，但同时互联网也创造了一批新的寡头，这些寡头垄断了信息和流量。比如，目前淘宝和京东就已成为垄断商业信息和客户信息的寡头。

而区块链的公开性则打破了互联网寡头所拥有的信息垄断，做到了除身份信息以外的信息的彻底公开。

另外，区块链的开放性在某些领域也为传统应用带来了新的信任。比如，在慈善公益领域，区块链的应用就具有天然的优势。基于区块链的捐助平台实现了所有捐助信息的公开、透明和可追溯，使得公益平台更加可信、可靠、可监管。

>>>>>   问题与思考

（1）阐述区块链的去中心化。

（2）张三写了份文件A给李四。李四手里有一份文件A'，并声称这就是张三给他的文件，然后李四将A'上传到以太坊或比特币上。王五从以太坊或比特币上按李四给的存储有A'文件的地址下载拿到一份文件A"。我们假设以太坊或比特币在这个过程中没有遭到任何攻击，运行正常。

A，A'和A"这三个文件中，有没有绝对完全一样的文件，如果有，是哪些？

（3）在区块链的所有特性中，哪一个最为重要？

● 1.4　区块链的分类

在比特币、莱特币、以太坊等各类数字货币诞生后，业内逐渐将区块链技术从数字货币中抽象独立出来，并将其结合不同的使用场景发展出了不同的技术方案和体系结构。根据节点接入权限的不同，现在区块链系统一般被分为三大类：公有区块链、联盟链和私有区块链。

1.4.1　公有区块链

公有区块链通常简称为公有链或公链（Public Blockchain / Permissionless Blockchain）。公有链完全对外开放，任何人都可以在无须授权的情况下加入系统，成为系统的节点。公有链中没有权限的设定，也没有身份认证，并且系统发生的所有交易数据都可以被公开查看，系统可被视为完全公开透明。比特币系统就是一个典型的公有链。用户想加入公有链，只需要下载并运行相应的软件客户端，便可以创建钱包、转账交易、挖矿等。

公有链没有中心化机构管理，其运行依靠的是共识机制；共识机制确保每个参与者在不信任的网络环境中能够发起交易并得到可靠执行。通常说来，凡是需要公众参与、需要最大限度地保证数据公开透明的系统，都适用于公有链，如比特币、以太坊等数字货币系统。

公有链是最早也是目前受众最广泛的区块链。在公有链中，任何人都可以作为节点参与交易，且有效交易能够获得该区块链系统的确认。

公有链最大的特点是不可篡改、信息公开、去中心化。每个区块链系统中的参与者都能看到所有的账户信息及交易信息。去中心化和安全性是它最突出的优点。目前，比较典型的数字货币如比特币、以太币等都是公有链。这些数字货币系统安全性很高，不受第三方监管。

尽管公有链在安全性方面表现突出，但由于目前在技术方面尚存在一些缺陷，公有链在处理交易的性能上还存在较大的问题。

1.4.2　联盟链

联盟链（Consortium Blockchain）是指节点加入系统需要一定的授权，区块的打包、共识的完成由预选节点实现。

与公有链不同的是，联盟链系统中数据的读写会受到一定权限的控制，尤其是写入权限。比如，区块的打包受到严格的限制。这种区块链可被视为"部分去中心化"。联盟链适用于机构间的交易、结算或清算等B2B场景。例如，在银行间进行支付、结算、清算的系统就可以采用联盟链的形式，将各家银行的网关节点作为记账节点。

联盟链通常适用于包含多个成员角色的环境，如银行间的支付结算、企业间的物流等。在这些场景下，参与系统的成员往往有不同权限。联盟链系统一般需要身份认证和权限设置，而且节点的数量往往也是确定的。相比较公有链而言，联盟链更适合处理企业或者机构之间的事务。此外，联盟链系统中不同的数据可以有不同的权限，如政务系统中部分数据可以对外公开，部分数据不能对外公开。

从使用对象来看，联盟链仅限于联盟成员参加，联盟的规模可以大到国与国之间，也可以小到不同机构、企业之间。这个系统不完全对外开放，使用权限被限制在若干联盟成员之间。因此，节点加入联盟链需要得到授权，或者只有某些特定的节点才允许加入联盟链。

相比公有链，联盟链的一个主要优点就是结构灵活，处理交易的速度快。这是因为联盟链中的节点数量和身份都已知并且已经规定好了，所以可以使用相对灵活的共识机制，从而使得交易的处理速度比公有链大大提高。

由于联盟链一般使用在明确的机构之间，因此节点的数量和状态是可控的，并且通常采用更加节能、环保的共识机制。

目前，联盟链的发展速度令人瞩目，正大规模应用在各个应用场景中。

尽管联盟链交易速度快，但相比公有链，它并不是完全去中心化的，因此数据的不可篡改性较公有链比较弱。理论上说，联盟链系统中的节点之间可以联合起来修改区块链数据。

1.4.3 私有区块链

私有区块链（Private Blockchain）通常简称为私有链。这是与公有链相对的一个概念。所谓私有链，就是指该系统不对外开放，仅在组织内部使用的系统，如企业的票据管理、账务审计、供应链管理等系统，或者是一些政务管理系统。私有链在使用过程中，通常有注册要求，也就是需要提交身份认证，而且具备一套权限管理体系。

在某些使用区块链系统的应用场景下，区块链系统的开发者并不希望任何人都可以参与这个系统，因此建立了一种不对外公开、只有被许可的节点才可以参与并且查看数据的私有区块链。私有区块链一般适用于特定机构的内部数据管理与审计。

私有区块链仅使用区块链的分布式账本技术进行记账，系统中具备数据写入权限节点的可以是一个公司，也可以是个人，甚至写入权限可以独享。在这种情况下，私有区块链与其他的分布式存储方案没有太大的区别。目前，有些传统金融机构希望实验、尝试区块链技术时，往往会先在内部部署一套私有区块链进行测试和运营。

一般来说，私有区块链中节点的读写权限、记账权限等按联盟规则来制定。整个网络由成员机构共同维护，网络接入一般通过成员机构的网关节点进行，共识机制由预先选好的节点控制。

私有链的特点是共识机制及技术架构可以完全自己定制，因此交易速度极快，同时隐私能够很好地得到保护并且交易成本极低。

在很多场景下，联盟链和私有链的区别并不十分明显；在某些特殊的场景中，联盟链就是私有链。因此，联盟链和私有链也常常被统称为许可链（Permissioned Blockchain）。

在联盟链和私有链环境中，节点数量和节点的状态通常是可控的，因此，一般不需要通过竞争的方式来筛选区块数据的打包者，可以采用更加节能、环保的方式，如POS（Proof of Stake，权益证明），DPOS（Delegated Proof of Stake，委托权益证明），PBFT（Practical Byzantine Fault Tolerance，实用拜占庭容错）等。

相比公有链和联盟链，私有链更加不具备去中心化的特点。同时，私有链是可以被操控的，其数据也可以被修改，因此系统遭到攻击及数据遭到篡改的风险较大。

>>>>> 问题与思考

（1）公有链和联盟链、私有链的最大区别是什么？

（2）在私有链中，数据有没有可能被篡改？

（3）我国的DCEP（数字人民币）有可能使用到的技术是公有链还是联盟链或私有链？

1.5　区块链的落地应用

当前，区块链的应用已经从最初的数字货币扩展到国民经济和社会生活的各个领域，构筑了众多"区块链+"的应用生态，一些典型的应用场景如下：

1.5.1　区块链+金融

区块链技术具有的不可篡改、去中心化、去信任化、可追溯、可编程等特点可以很好地解决当前金融领域存在的一些"痛点"。

目前，金融系统中由于各部门的信息割裂容易形成信息孤岛，导致金融机构在查询交易、搜索数据及分析金融数据的过程中需要耗费巨大的成本。借助区块链技术，金融交易中的相关方可以将各自的相关数据上传至共享的联盟链系统，以实现信息共享，打破信息壁垒，降低处理成本。此外，区块链技术的不可篡改性和可追溯性可以增强金融数据被篡改的难度，保障交易数据的安全性和可靠性，使得交易双方不再需要耗费大量成本预先建立信用关系，提高了交易效率；区块链的智能合约技术可以根据交易双方事先约定的条件自动执行交易，并在交易过程中自动触发对交易违规行为的监测及反制，在很大程度上能防范金融违约的风险。

1.5.2　区块链+政务

在政府部门的日常政务处理中，不同部门数据的分割和孤立会导致政务效率低下，如果能把一些数据在政府内部多个部门间以及人民群众及企业间建立有条件的共享、归集，则可以大大提高数据的使用率和政务效率，让群众及企业少"跑腿"。

在数据共享及归集的过程中，可以灵活运用联盟链和智能合约的方式对数据共享权限进行控制和设定，明晰数据的归属、使用方和共享交换部门的数据权责，记录和存储数据交换的过程。其中，政务管理部门行使审批、调度、协调、仲裁的职能，对不按照规则存储、维护和使用数据的部门进行责任追溯，并对其中的违规、不合理行为进行责任追溯。这样既保障了数据安全和隐私，也使得数据使用率大大提高。

1.5.3　区块链+税务

区块链技术具有的数据可溯源、去中心化、去信任化等特点可以很好地解决当前税务领域存在的一些痛点。

目前，税务系统存在的较为突出的问题有处理效率低下、税款不易溯源、税务账簿不透明等。

其中，效率低下的原因在于其中心化系统在整个流程运转过程中无法打通各个环节，并且大部分流程都需要人工参与。在区块链系统中，中心化的处理系统将不再存在或极大弱化，各个节点都能保存所有的链上数据。这使得税务处理涉及的各个环节和部门都处于一个平等的位置而不存在信息差，因此事务处理在各个环节中流转的障碍性会极大降低，并且智能合约可以在事务得到确认后自动执行，提高了税务部门的运行效率。

对于税款不易溯源的问题，区块链技术中的时间戳则起到了标记溯源的作用。当系统对每一笔税务信息进行确认后，打在信息上的时间戳就形成了天然的回溯标记。当税务部门需要调取税务信息时，可以直接根据财税信息的时间戳在链上进行回溯追踪。

对于税务账簿不透明的问题，区块链技术的去中心化就起到了去信任、保证信息公开透明的作用。在区块链系统中，任何一个节点发出的税务信息，都会被发送至全网所有的节点，每一个节点都可以看到这笔交易的流向、金额、发起人和接收者，这在一定程度上实现了账簿的公开透明，为税务部门进行数据统计和分析提供了可靠的保障。

1.5.4　区块链+司法

随着互联网信息化的发展，在司法领域，传统的证据形态日益被新型的电子证据所取代。与传统证据相比，电子证据存在更易被篡改、更易被复制、更易灭失等先天不足。

区块链具有去中心化、防篡改、可溯源、可信赖等特性，这决定了区块链在司法领域具有广泛而独特的应用价值。

在司法取证领域，区块链技术可以发挥防篡改和可追溯的功效，畅通取证通道；在司法存证领域，可以由公证机关主导区块链存证体系，将部分线下公证事务转为链上公证，使其保真保存，具有可信性；在司法示证领域，如果司法取证、存证环节切实得到了保真、防篡改的保障，那么示证环节就可以高效、直观、方便地展示证据。除司法取证、存证、示证领域之外，区块链技术在法院内部也具有广泛的应用场景。

例如，电子卷宗、电子档案、裁判文书防篡改，办案过程中重要的操作记录、文件、数据防篡改及干警档案防篡改等。

1.5.5 区块链+物联网

自 2005 年国际电信联盟正式提出物联网概念以来，物联网产业发展迅猛，目前被广泛应用于环境监测与保护、智能交通、移动医疗、食品安全和物流供应链管理等诸多领域。在万物互联的场景下，如何让接入系统的设备充分发挥其边缘运算能力和具有小存储空间是一个难题。此外，目前还有数据安全、个人隐私等多方面的衍生问题。

区块链与物联网相结合则会解决这些问题，发挥出巨大的优势：利用区块链对数据的加密存储，以及对数据进行操作之前需要经过身份认证等，提升个人的隐私保护能力和交易的安全性；利用区块链的去中心化特性，可以提高整个系统的扩展性和灵活性，降低当今物联网中心化架构的高运营成本。此外，区块链和物联网的融合还有助于构建可追溯的电子证据存证系统。

1.5.6 区块链+医疗

在目前的医疗数据中，有超过 90% 来自于医学影像；医学影像信息被数据化后形成了丰富多样、存储量庞大的非结构化医学大数据，这使得其在捕捉、存储、管理和分析上存在诸多困难，且数据来源复杂，"数据孤岛"现象严重。

利用区块链技术在共识机制和隐私保护方面的优势，可以在医疗系统内部建立联盟链系统，让联盟内的医院及病患共享数据，并可对数据进行加密处理。这样一方面免除了冗余数据的输入，另一方面可以使病患信息在共享过程中得到保护，从而有利于病患得到更多的资源，并得到及时准确的诊治。

1.5.7 区块链+溯源

目前，溯源行业的重大痛点是数据造假问题。在现有的溯源场景中，商品在整个生命周期及物流过程中涉及多个不同机构和不同流程，这一方面很难保证各方提供的数据都是真实的；另一方面，无论由哪一方负责存储溯源信息，都有篡改数据的嫌疑。

区块链技术的核心优势是能够在去中介的条件下实现低成本的信任关系。通过将溯源信息保存在区块链账本中，商品生命周期中的各个参与方都将作为区块链节点共同维护存储溯源信息的账本，保证溯源信息一旦上链，就不可篡改、不可伪造、不可抵赖；在商品参与方、消费者和监管机构之间形成具有较高公信力的溯源机制，解决数据造假的核心痛点。

>>>>> 问题与思考

（1）中本聪发明比特币的初衷是希望解决哪个领域的问题？

（2）区块链在税务领域中能解决哪些问题？列举两点。

（3）除了本章所列举的案例外，你还知道其他领域的案例吗？

● 1.6   区块链技术的前景展望

区块链技术具有广阔的发展潜力和丰富的应用场景，但目前区块链技术仍处于初级阶段，技术本身的发展还极不成熟。

区块链技术依赖众多技术领域，包括密码学、分布式系统、网络与计算体系结构等。这些技术领域都是区块链技术发展和成熟的基础，但这些技术领域本身也需要进一步完善。例如，在密码学领域，仍需解决随机数产生、抗量子攻击等问题；在分布式系统的共识机制方面，需要解决性能、安全、去中心化形成的"不可能三角"等问题。

此外，基于区块链技术发展出的智能合约衍生出了一系列新的问题，如智能合约一经部署即无法修改，一经运行便无法阻止。一方面，这些特性使得智能合约能够公正、公开、不受干扰地执行；但另一方面，一旦智能合约本身存在漏洞，被黑客利用或攻击，则会给合约部署者或用户造成难以挽回的损失。因此，对智能合约的分析、审计和测试就至关重要，而目前这方面的技术和发展也处于极其初级的阶段，还很不成熟。

在区块链技术的应用层面，向区块链系统中引入通证可以激励系统的节点参与系统的维护及分配系统的利益，这种手段有望改变目前商业和社会生活中各领域的生产关系，提高效率、降低成本。但如何在使用通证进行激励的同时也遵守现有法律，防止通证被滥用甚至从事非法活动也是区块链技术给全社会带来的一大挑战。

第二章 区块链技术基础

2.1 比特币基础

在这一章我们将介绍比特币的一些基础知识，它们涵盖了与比特币相关的一些关键术语和技术，对这些基本知识有了一定的了解后，我们就能对比特币有一个比较完整的认识。

2.1.1 比特币的基本概念

2.1.1.1 比特币的单位

我们在日常生活中使用的货币都有单位，比特币也有自己的单位，包括：比特币（Bitcoins，BTC）、比特分（Bitcent，cBTC）、毫比特（Milli-Bitcoins，mBTC）、微比特（Micro-Bitcoins，μBTC 或 uBTC）、聪（Satoshi）。聪为比特币的最小单位。

它们之间的换算关系如下：

1比特币=10^2比特分=10^3毫比特=10^6微比特=10^8聪

2.1.1.2 钱包

在日常生活中，我们会用钱包存放纸币和硬币。在比特币系统中，我们也需要存放比特币的钱包。用来存放比特币的钱包实际上是一类软件或者 App 应用程序，这类软件或 App 应用程序不仅可以存放比特币，还可以用来转账。通常，这些软件或者 App 应用程序运行在我们的电脑或者手机上。

每一个比特币全节点客户端软件实际上就是一个钱包软件，但运行一个全节点客户端太耗资源，操作起来也不方便，因此后来大量开源软件团队开发了功能简单、操作容易的各种轻钱包软件。今天大部分用户用来存放和转账比特币的钱包实际上就是这类轻钱包软件。

目前，比较流行的比特币钱包软件有（钱包的排列顺序随机）：Bitcoin Core、Bitcoin Knots、Multibit HD、Armory、Electrum、mSIGNA、Bitcoin Wallet、Breadwallet、Bither、GreenBits、GreenAddress……

各种钱包软件尽管在界面和操作上稍有不同，但本质上都是一样的，用户可以根据自己的偏好选择钱包软件。

2.1.1.3 助记词

每一个尚未接触比特币但正准备入手的用户要做的第一件事就是下载一款钱包软件。当用户第一次运行一个钱包软件时，通常会被软件提示要记录一个"助记词"（Mnemonic/Seed Phrase）。典型的助记词如：maple、cake、honey、sugar、pudding、 candy、cream、rich、smooth、crumble、sweet、treat。

通常，这个助记词由 12～24 个英文单词组成。助记词对用户来说极为关键，它相当于我们银行存款的取款密码。但与我们在现实生活中忘记银行取款密码不同的是，我们忘记了银行的取款密码可以凭身份证到银行重新设置密码，拿回我们在银行的存款；但在比特币以及所有数字货币系统中，一旦我们忘记了助记词，则没有人能帮我们找回它，这也意味着我们将永远丢失这些数字货币。此外，我们也无法对同一钱包重置助记词，因此如果有人盗取了我们的助记词，则他人也可以盗取我们钱包中的数字货币，我们无法通过重置助记词来保护钱包中的资产。

因此，所有的钱包软件在显示助记词时，会强调用户要注意使用环境的安全，避免助记词被盗取；同时，提醒用户要用笔和纸记录下助记词，存放在安全保密的地方。

2.1.1.4　私钥

在比特币的早期阶段，当用户使用钱包时，是没有助记词的，只有私钥。私钥的作用和助记词一样，它是由一串 64 位 16 进制数组成的字符串，如下例所示：

7E72F6B89E6E226A36B68DFE333C7CE5E55D83249D3D2CD6332671FA445C4DD3

私钥才是比特币以及所有数字货币钱包最终的安全保障。和助记词一样，私钥遗失也无法借助第三方找回，私钥被盗也意味着钱包中的数字货币可能被盗。

但是私钥这一串 64 位的 16 进制数对用户而言实在太难记，而且在操作过程中很容易弄错，因此比特币团队在比特币改进协议 BIP39 中提出用英文单词组成的助记词替代私钥在人机交互中操作。

那么助记词和私钥之间是什么关系呢？助记词可以生成私钥，并且一个助记词可以生成无穷个私钥。一个钱包有一个助记词，这个助记词可以在钱包中生成无数个私钥，这无数个私钥都可以由这个助记词来管理。

2.1.1.5　公钥

比特币的公钥是和私钥一一配对的，比特币以及所有的数字货币中每一个私钥都有一个公钥。私钥一定要安全保存并且不能对外公开，公钥可以对外公开。当用户要进行比特币交易时，私钥用于对交易进行签名，公钥会被用来验证签名的有效性。

以比特币转账过程中的数字签名为例，私钥和公钥在交易过程中所起的作用如下：当用户 A 要向用户 B 转账 5 个比特币时，用户 A 首先会构造这笔交易，然后用自己的私钥给这笔交易签名并把交易向比特币全网广播。当用户 B 接收到这笔交易后，会用 A 的公钥来验证这笔交易是否发自 A。

因此，私钥和公钥在区块链技术中的应用是密不可分的。

2.1.1.6　地址

比特币用户在谈及比特币交易时经常会说比特币"账户"，但实际上，比特币系统中是没有账户的，只有"地址"。比特币系统中的每一笔金额都记录在区块链上，系统使用脚本把每一笔金额锁定到某一个地址上。一个地址上的比特币总金额就是区块链上所有锁定到这个地址上的金额总和。

当用户打开自己的钱包时，会看到钱包中有一个或若干个地址，每个地址中有若干比特币。所有这些地址锁定的比特币总数就是这个钱包中比特币的总金额。

在比特币交易中，交易双方的转账都是从一方的地址发送到另一方的地址。地址可以公开，地址的公开不会对该地址持有的比特币造成安全隐患。但地址公开后，任何人都可以在比特币系统中查询到该地址所拥有的比特币余额。

2.1.1.7 私钥、公钥、地址之间的关系

比特币的私钥、公钥和地址之间有着严格的数学关系，通过一定的算法计算得出。这三者的关系如图2-1所示。

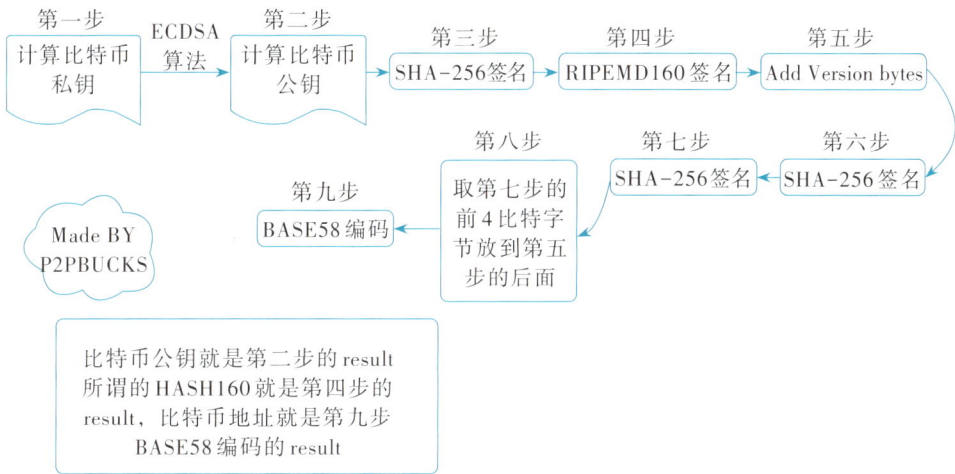

图2-1 比特币私钥、公钥和地址之间的关系

其计算过程如下：

第一步，随机选取一个大小介于 1 ~ 0xFFFF FFFF FFFF FFFF FFFF FFFF FFFF FFFE BAAE DCE6 AF48 A03B BFD2 5E8C D036 4141 之间的 32 字节数作为私钥，例如：

18e14a7b6a307f426a94f8114701e7c8e774e7f9a47e2c2035db29a206321725

第二步，使用椭圆曲线加密算法（ECDSA-SECP256k1）计算私钥所对应的非压缩公钥（共65字节，1字节0x04，32字节为x坐标，32字节为y坐标），得到如下结果：

0450863AD64A87AE8A2FE83C1AF1A8403CB53F53E486D8511DAD8A04887E5B23522CD470243453A299FA9E77237716103ABC11A1DF38855ED6F2EE187E9C582BA6

第三步，计算公钥的SHA-256哈希值，得到如下结果：

600FFE422B4E00731A59557A5CCA46CC183944191006324A447BDB2D98D4B408

第四步，计算上一步哈希值的RIPEMD160哈希值，得到如下结果：

010966776006953D5567439E5E39F86A0D273BEE

第五步，在上一步计算的结果前面加入地址版本号（如比特币主网版本号"0x00"），得到如下结果：

00010966776006953D5567439E5E39F86A0D273BEE

第六步，计算上一步结果的SHA-256哈希值，得到如下结果：

445C7A8007A93D8733188288BB320A8FE2DEBD2AE1B47F0F50BC10BAE845C094

第七步，再次计算上一步结果的SHA-256哈希值，得到如下结果：

D61967F63C7DD183914A4AE452C9F6AD5D462CE3D277798075B107615C1A8A30

第八步，取上一步结果的前4个字节（8位16进制数）D61967F6，把这4个字节加在第五步结果的后面，作为校验（这就是比特币地址的16进制形态），得到如下结果：

00010966776006953D5567439E5E39F86A0D273BEED61967F6

第九步，用BASE58编码变换一下地址，得到如下结果：

16UwLL9Risc3QfPqBUvKofHmBQ7wMtjvM

这个最终的计算结果就是常见的比特币地址。

2.1.1.8　UTXO

在比特币系统中，是没有"比特币"的，只有UTXO。

UTXO的全称是"Unspent Transaction Output"，即未花费交易输出的意思。它是比特币交易生成及验证的一个核心概念。比特币的每一笔有效交易都由交易输入和交易输出组成，每一笔交易都要花费一笔或多笔曾经的交易输入（Input），同时会产生一笔或多笔交易输出（Output）。其所产生的输出，就是UTXO。

在比特币中，所有的有效交易都是前后关联的。每一笔有效交易都可以追溯到前向一个或多个交易输出。

比如，用户A的比特币钱包中原本余额为0，一个偶然的机会他挖到了12.5枚比特币，这12.5枚比特币会以一笔交易的形式发到他的钱包中，这12.5枚比特币的交易就是他得到的一笔UTXO，这时他的钱包余额就变为12.5。接下来他把其中的5枚比特币转账给用户B，整个过程是这样处理的：系统将他钱包中的这12.5枚比特币的UTXO分为两笔交易，一笔为5枚比特币的交易，另外一笔为7.5枚比特币的交易。5枚比特币的那笔交易发给了用户B，而7.5枚比特币的这笔交易发给了他自己。这7.5枚比特币就是用户A再次得到的一笔UTXO，5枚比特币就是用户B得到的一笔UTXO。

一个比特币钱包中存在的全部都是这样的UTXO，可能不止一笔，所有这些UTXO加起来的金额就是这个钱包中总共的比特币余额。

从上面这个例子我们可以看出，系统中每进行一笔交易，都要消耗一笔或多笔UTXO，同时也会生成一笔或多笔UTXO。

比特币的UTXO遵循两个规则：

第一，除了coinbase交易外，所有交易需要的资金都源自前面一个或者多个UTXO。

第二，任何一笔交易的交易输入总量必须等于交易输出总量。

2.1.2 比特币的区块链及区块结构

2.1.2.1 比特币的区块链结构图

比特币系统的区块链结构是由一系列区块前后相连形成的，它的结构如图2-2所示。

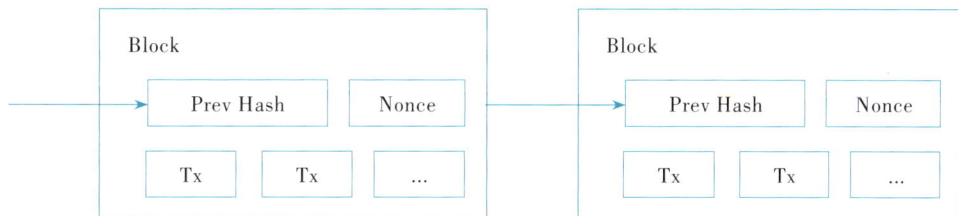

图2-2 比特币的区块链结构图

图2-2中的Block就是区块。整个比特币区块链就是由创世纪区块（Genesis Block）开始无限延伸下去、前后相连的区块组成的链式结构。

2.1.2.2 比特币的区块结构

比特币区块链中每一个区块的结构都是一模一样的。每一个区块都由若干字段组成，这些字段见表2-1。

表2-1 比特币的区块结构字段表

字段名	大小（单位：字节）	数据类型	描述
magic_number	4	uint32	幻数。总是0xD9B4BEF9，作为区块之间的分隔符
block_size	4	uint32	区块大小
block_header	80	char []	区块头结构
transaction_cnt	可变长度	Uint	区块收录的交易数量
transaction	可变长度	char []	区块收录的所有交易数据

在比特币中，每个区块的大小不超过1M字节。

2.1.2.3 区块头结构

在比特币的区块结构中，有一个非常关键的字段"block_header"（区块头），它也是由若干字段组成的，这些字段见表2-2。

表2-2 比特币的区块头结构字段表

字段名	大小（单位：字节）	数据类型	描述
version	4	int32_t	版本号
previous_block_hash	32	char [32]	父区块的哈希值
merkle_root_hash	32	char [32]	区块收录的所有交易构成的Merkle树树根的哈希值
Time	4	uint32	Unix时间戳
nBits	4	uint32	挖矿难度值或目标值
Nonce	4	uint32	随机数

2.1.2.4　默克尔树

在区块头中有一个字段"merkle_root_hash"，表示默克尔树（Merkle Tree）树根的哈希值。这个哈希值实际上是对区块收录的所有交易进行哈希运算得到的值。

这里的默克尔树是计算机科学中一个使用非常广泛的数据结构。默克尔树的常见结构是一种哈希二叉树，由一组叶节点、一组中间节点和一个根节点构成，它具有树结构的全部特点。默克尔树是从下往上逐层计算的，树中每个中间节点是根据相邻的两个叶节点进行哈希运算得出的，最后根节点根据两个中间节点进行哈希运算得出。在默克尔树中，任意一个叶节点的哈希值被修改，则根节点的哈希值也会改变。

以比特币为例，比特币的默克尔树结构如图2-3所示。

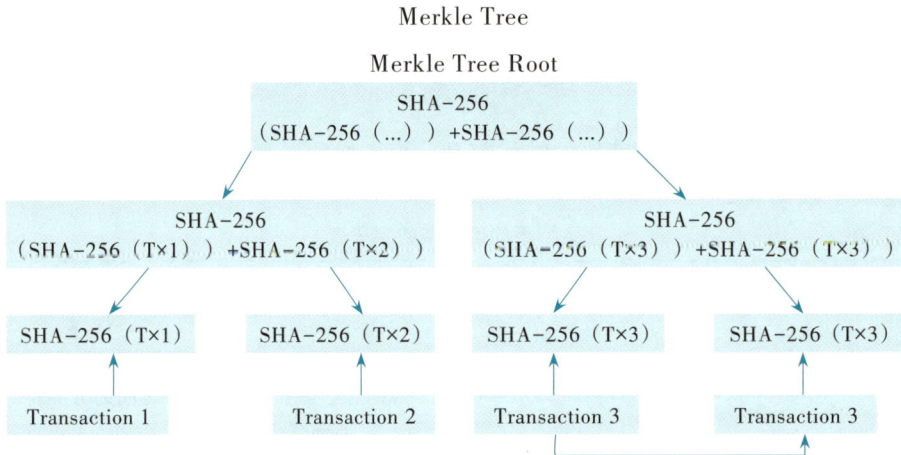

Merkle Tree

Merkle Tree Root

SHA-256
（SHA-256（...）+SHA-256（...））

SHA-256
（SHA-256（T×1））+SHA-256（T×2））

SHA-256
（SIIA-256（T×3））+SHA-256（T×3））

SHA-256（T×1）

SHA-256（T×2）

SHA-256（T×3）

SHA-256（T×3）

Transaction 1

Transaction 2

Transaction 3

Transaction 3

图2-3　比特币的默克尔树结构

值得注意的是，在图2-3中，Transaction 3在系统中出现了两次，这是因为在比特币中，默克尔树的叶节点要为偶数个，因此当交易数为奇数时，系统会将最后一个交易计算两次，所以我们看到Transaction 3出现了两次。

图2-3中最底下的Transaction 1、Transaction 2和Transaction 3是区块收录的交易数据。每一笔交易数据都会进行一次哈希运算，所算得的哈希值就是默克尔树的叶节点，即SHA-256（TX1）、SHA-256（TX2）和SHA-256（TX3）。

叶节点上层的SHA-256（SHA-256（TX1）+SHA-256（TX2））和SHA-256（SHA-256（TX3）+SHA-256（TX3））是中间节点，位于最顶层的SHA-256（SHA-256（…）+SHA-256（…））是根节点，即默克尔树树根的哈希值。

在比特币网络中，默克尔树被用来归纳一个区块中的所有交易，同时生成整个交易集合的哈希值，且提供一个校验区块是否存在某交易的高效途径。

生成一棵完整的默克尔树需要递归地对节点进行哈希运算，并将新生成的节点插入树中，直至运算到最后只剩一个节点，该节点就是默克尔树的树根。

当n个交易经过哈希运算插入默克尔树后，经过log（n）次检索就能检查出一笔交易是否在该树中，这使得默克尔树的检索效率非常高。

2.1.2.5 交易

在区块中有一个字段"transaction"，它记录了区块收录的所有交易数据，所包含的字段见表2-3。

表2-3　　　　　　　　　　　比特币的交易结构字段表

字段名	大小（单位：字节）	数据类型	描述
Version	4	uint32	版本号
tx_in_count	1～9个字节	uint	输入交易数量
tx_in	可变长度	tx_in	输入交易
tx_out_count	1～9个字节	uint	输出交易数量
tx_out	可变长度	tx_out	输出交易
lock_time	4	uint32	锁定时间

2.1.2.6 交易输入（tx_in）

在"交易"中有一个字段"tx_in"，它记录了区块收录的所有交易输入数据，所包含的字段见表2-4。

表2-4　　　　　　　　　　　比特币的交易输入结构字段表

字段名	大小（单位：字节）	数据类型	描述
previous_output_hash	32	outpoint	所引用交易的哈希值
previous_output_index	4	uint32	所引用交易的索引
script_bytes	1～9个字节	uint	解锁脚本长度
signature_script	可变长度	char [ ]	解锁脚本
sequence	4	uint32	序列号

2.1.2.7 交易输出

在"交易"中有一个字段"tx_out"，它记录了区块产生的所有交易输出数据，所包含的字段见表2-5。

表2-5　　　　　　　　　　　比特币的交易输出结构字段表

字段名	大小（单位：字节）	数据类型	描述
value	8	int64	可花费的比特币数量，即比特币的余额，单位为"聪"
pk_script_size	1～9个字节	uint	锁定脚本的长度
pk_script	可变长度	char [ ]	锁定脚本

2.1.3 比特币的共识机制及挖矿

比特币作为无任何门槛可以随意加入的数字货币系统，在没有第三方管理和协调的情况下能够自我运作和发展，其根本原因就在于其共识机制能够激励节点参与系统运作并维护系统安全。

在一个分布式系统中，在没有协调者的情况下，系统中的所有节点都能按照某种机制达到统一状态，这种机制就是共识机制。区块链共识机制的目标是使所有的诚实节点保存一致的区块链状态，同时满足两个特性：

（1）一致性。所有诚实节点保存的区块链的前缀部分完全相同。

（2）有效性。由某诚实节点发布的信息终将被其他所有诚实节点记录在各自的区块链中。

比特币采用一种被称为"工作量证明"（Proof of Work，PoW）的共识机制来判断哪个节点拥有打包区块的权利。在比特币系统中，所谓的工作量证明，是指每个区块在产生的过程中系统会给出一个随机数，系统中每一个全节点都要根据一定的算法进行运算，第一个算出小于此随机数的节点就获得区块的打包权，打包区块并得到奖励。当打包的区块被全网其他节点验证后，就证明这个节点为计算出这个结果做了大量的计算工作。

这个过程中的具体算法表述如下：

SHA-256（SHA-256（版本号 + 父区块哈希值 + Merkle 根哈希值 + 时间戳 + 挖矿难度 + 随机数 nNonce））< 系统给出的随机数

当比特币系统中的某个全节点通过上述算法第一个计算出小于系统给出的随机数后，便将打包好的区块向全网广播，一旦该区块得到确认被加入比特币的区块链结构中，该节点便会得到打包该区块所包含的奖励（在成文时，比特币的区块奖励为 12.5 个比特币），我们就说这时这个节点成功"挖矿"。这就是"挖矿"这一说法的来历。

不仅比特币如此，所有的数字货币公有区块链系统都有"挖矿"机制。"挖矿"是公有区块链系统对为维护系统做出贡献的节点的奖励方式，也是系统不断发展、激励新节点加入的最有效方式。

2.1.4 运行比特币的客户端

我们在前面的章节中经常会见到"全节点"一词。所谓全节点，就是区块链系统中运行客户端软件并且拥有完整区块链账本的节点。全节点需要占用大量内存，定期同步更新所有的区块链数据，并独立校验区块链上的所有交易。全节点主要负责区块链交易的广播和验证。

更通俗地说，"全节点"就是能"挖矿"的节点。要运行一个全节点，需下载完整的比特币客户端程序并运行。在比特币诞生的早期，由于了解比特币的人不多，因此运行比特币全节点的电脑非常少，那时一台普通的家用电脑运行全节点客户端就可以挖出比特币。后来随着越来越多的人加入比特币"挖矿"队伍，运行全节点的电脑越来越多，算力的竞争也越来越大，因此普通的电脑即便运行全节点，"挖矿"的难度也越来越大。比特币发展到现在，能够"挖矿"的电脑已经彻底被 ASIC 矿机所取代，普通电脑已经很难再挖出比特币了。

然而为了让大家对比特币有个更直观的了解，我们还是可以尝试在家用电脑上运行比特币的全节点客户端。

在本节中，运行一个全节点所需的软硬件配置如下：

操作系统：Ubuntu 16.04 64 位

比特币客户端软件：比特币核心版本 0.16.0

电脑内存：2G 以上

硬盘空间：150G 以上

安装目录：/root

安装步骤如下：

1）安装所需软件包

sudo apt-get update

sudo apt-get upgrade

sudo apt-get install build-essential libtool autotools-dev autoconf pkg-config libssl-dev

sudo apt-get install libboost-all-dev

sudo apt-get install libqt5gui5 libqt5core5a libqt5dbus5 qttools5-dev qttools5-dev-tools libprotobuf-dev protobuf-compiler

sudo apt-get install libqrencode-dev

sudo apt-get install libminiupnpc-dev

sudo apt-get install libsll-dev

2）安装 GIT

sudo apt-get install git

3）下载比特币源代码

git clone https：//github.com/bitcoin/bitcoin.git

4）安装 Berkeley-DB（伯克利数据库）

Berkeley-DB 是一个开源的文件数据库，介于关系数据库与内存数据库之间，使用方式与内存数据库类似。它提供的是一系列直接访问数据库的函数，而不是像关系数据库那样需要网络通信、SQL 解析等步骤。

在 bitcoin 目录下建立文件夹 db4：

cd bitcoin

mkdir db4

wget 'http：//download.oracle.com/berkeley-db/db-4.8.30.NC.tar.gz'

tar -xzvf db-4.8.30.NC.tar.gz

cd db-4.8.30.NC/build_unix/

../dist / configure --enable-cxx --disable-shared --with-pic --prefix=/root / bitcoin /

db4/

    make install

    5）安装比特币客户端

    cd /root/bitcoin

    ./autogen.sh

    ./configure LDFLAGS="-L/root/bitcoin/db4/lib/" CPPFLAGS="-I/root/bitcoin/db4/include/"

    make

    sudo make install

    6）测试安装结果

    我们可以通过询问系统下面两个可执行文件的路径，来确认 Bitcoin 是否安装成功。

    root@iZ2zef7i92a07a9z7ydxdcZ：~/bitcoin# which bitcoind

    /usr/local/bin/bitcoind

    root@iZ2zef7i92a07a9z7ydxdcZ：~/bitcoin# which bitcoin-cli

    /usr/local/bin/bitcoin-cli

    执行完这六个步骤后，一个全节点的比特币客户端就运行起来了。

>>>> **问题与思考**

    （1）助记词和私钥哪个先出现的？

    （2）张三的比特币钱包余额为0，李四给他发送了一笔12个比特币的交易，张三转账给王五3个比特币。王五又回转给张三1个比特币。此时张三的比特币钱包里有几个UTXO，每个UTXO的金额分别是多少？

    （3）在某一时刻，比特币的区块链出现了分叉，此时哪一条链是有效链？

    （4）一旦私钥被旁人非法窃取，可以采取什么措施保护自己的数字资产？

● 2.2 以太坊基础

    比特币是基于区块链技术的第一个数字货币，被业内誉为"区块链1.0"的代表。而以太坊则在技术架构方面进行了重大的变革，从而极大丰富了区块链的功能和特点，被业内誉为"区块链2.0"的代表。

    在这一节我们将介绍以太坊的一些基础知识，包括以太坊的一些关键术语和技术，对这些基本知识有了一定的了解后，我们就能对以太坊有一个比较完整的认识。

2.2.1 以太坊的基本概念

2.2.1.1 以太币的单位

    以太坊系统的通证是以太币（Ether，简称ETH）。以太币像比特币一样也有自己的单位，包括：ether，milliether（finney），microether（szabo），Gwei（shannon），Mwei（lovelace），Kwei（babbage）和 wei。wei 为以太币的最小单位。

它们之间的换算关系如下：

1ether=10^{18}wei

1 milliether（finney）=10^{15}wei

1 microether（szabo）=10^{12}wei

1 Gwei（shannon）=10^{9}wei

1 Mwei（lovelace）=10^{6}wei

1 Kwei（babbage）=10^{3}wei

2.2.1.2　钱包

在前面的章节中，我们介绍过比特币的钱包。以太坊的钱包和比特币的钱包在功能上非常相似，是用来存储和转账以太坊上通证的软件。

每一个以太坊全节点客户端软件就是一个钱包软件，但运行一个全节点客户端太耗资源，操作起来也不方便，因此后来出现了大量功能简单、操作容易的轻钱包软件。今天大部分用户用来存放和交易以太坊上通证的钱包实际上就是这类轻钱包软件。

目前，比较流行的以太坊轻钱包软件有（钱包的排列顺序随机）：MyEtherWallet、MetaMask、Parity、Jaxx、imToken…

各种钱包软件尽管在界面和操作上稍有不同，但本质上都是一样的，用户可以根据自己的偏好选择钱包软件。

2.2.1.3　密码

在以太坊钱包软件中，我们通常会被要求输入一个密码，这个密码和我们在日常生活中登录网站时经常要使用的密码一样，是我们登录钱包软件需要的。

2.2.1.4　助记词

以太坊钱包的助记词和比特币钱包的助记词非常相似。相关内容可参见"2.1.1.3 助记词"。

需要再次强调的是，用户在记录助记词时要注意使用环境的安全，避免助记词被盗取；同时，提醒用户要用笔和纸记录下助记词，存放在安全保密的地方。

2.2.1.5　私钥

以太坊钱包的私钥和比特币钱包的私钥非常相似。相关内容可参见"2.1.1.4 私钥"。

同样，在以太坊钱包中，助记词可以生成私钥，一个助记词可以生成无穷个私钥。

2.2.1.6　Keystore

"Keystore"是以太坊钱包相对于比特币钱包新产生的一个概念。

因为私钥不利于记忆且在操作的过程中容易出错，因此以太坊有了 Keystore。Keystore 并不是私钥，而是将私钥以加密的方式保存的一份格式为"JSON"

（JavaScript Object Notation）的文件。

2.2.1.7 密码、助记词、私钥和 Keystore 之间的关系

在以太坊钱包中，私钥和助记词都能够完全掌控钱包中的资产。那么助记词、私钥、密码和 Keystore 之间是什么关系呢？

通俗地说，我们可以这么理解：助记词可以生成无数个私钥；Keystore + 密码等效于私钥。

2.2.1.8 公钥

以太坊钱包的公钥和比特币钱包的公钥非常相似，相关内容可参见"2.1.1.5 公钥"。

2.2.1.9 地址

以太坊钱包中的地址记录其中含有的以太币或以太坊支持的通证。它和比特币钱包地址的产生方式类似，但是具体的算法稍有不同。在比特币中，地址由公钥再进行若干次计算得到；而在以太坊中，地址由公钥直接取后 20 个字节得到。

2.2.1.10 私钥、公钥、地址之间的关系

以太坊的私钥、公钥和地址之间和比特币一样也有着严格的数学关系，通过一定的算法计算得出。这三者之间的关系如图 2-4 所示。

私钥 32byte，随机生成	椭圆曲线加密算法 →	公钥 64byte	Keccak-256 →	压缩公钥 32byte	取最后 20byte →	账户地址 20byte

图 2-4　以太坊的私钥、公钥和地址之间的关系

其计算过程与比特币地址的生成过程类似，具体如下：

第一步：随机生成一个 32 字节的私钥。

第二步：使用椭圆曲线算法 ECDSA-secp256k1 将私钥映射生成公钥。

第三步：使用 Keccak-256 算法对公钥进行哈希运算，得到 32 字节的压缩公钥。

第四步：将所得到的公钥取最后的 20 个字节作为账户地址。

2.2.1.11 账户

以太坊有两种账户：外部账户（Externally Owned Accounts）和合约账户（Contract Accounts）。其数据结构如图 2-5 所示。

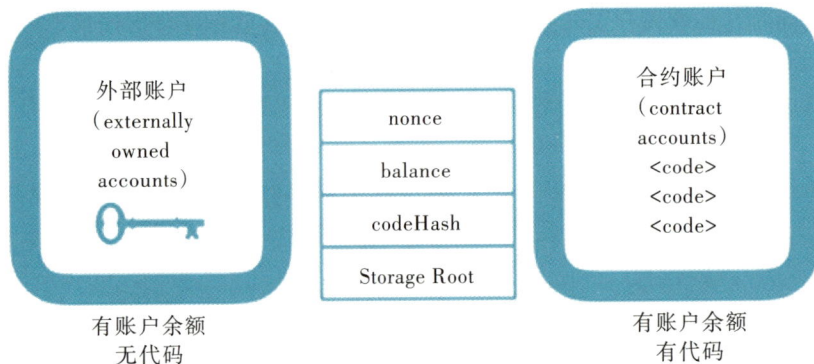

外部账户
（externally owned accounts）

有账户余额
无代码

nonce
balance
codeHash
Storage Root

合约账户
（contract accounts）
\<code\>
\<code\>
\<code\>

有账户余额
有代码

图 2-5　以太坊的数据结构图

这两种账户都有四个字段，包括随机数、账户余额、codeHash（如果有的话）、存储（通常为空）。对外部账户而言，其"codeHash"字段为空；对合约账户而言，其"codeHash"字段非空，存储以太坊虚拟机代码的哈希值。这个字段在生成后是不可修改的，这也意味着智能合约代码生成后是不可修改的。

外部账户可以主动发起交易，而合约账户不能主动发起交易。用户通常用来交易和存放以太币及以太坊所支持的通证的账户都是外部账户。

2.2.1.12　智能合约

"智能合约"（Smart Contract）是20世纪90年代加密学者Nick Szabo首次提出的，他对智能合约的定义为"一套以数字形式定义的承诺（Promise）及合约参与方可以在上面执行这些承诺的协议"。

智能合约的概念自提出以来，一直停留在学术界，直到以太坊出现后才真正由概念变为事实。

智能合约的实现意味着合约要被写成计算系统可读的代码，合约规定的权利和义务将由计算系统执行，执行过程严格精准。

智能合约的构建通常由单个或多个用户共同参与，以某种智能合约语言编写。当智能合约编写完后，会被提交到计算系统。计算系统会定期检查智能合约的状态，并调用、执行满足条件的智能合约。

在以太坊中，智能合约通常用Solidity语言编写，在被称为以太坊虚拟机（Ethereum Virtual Machine）的系统中执行。智能合约的执行需要一定的触发条件。当触发条件满足时，以太坊虚拟机就会按照智能合约的每个条款进行判断和执行，同时会保存每一步执行后系统的状态和数据。

由于以太坊上的智能合约一般都是开源的，这意味着智能合约的内容公开、透明，再加上在以太坊上执行智能合约时不可逆转，不受干扰，使得智能合约的使用将颠覆现有社会生活中方方面面的流程，并极大提升事务的处理效率。

2.2.1.13　以太坊虚拟机

以太坊虚拟机是以太坊上智能合约的运行环境，是以太坊的核心。在以太坊上，当一个智能合约被执行时，系统就会为这个智能合约启动一个以太坊虚拟机实例。在某种程度上，这个以太坊虚拟机实例像一个沙盒，保证智能合约在里面能够独立地运行。

以太坊虚拟机是基于堆栈的机构，因此所有的计算都是在堆栈中执行的。堆栈最大的深度为1 024个元素，每个元素256位。栈的访问限于顶端。

为了避免错误导致的一致性问题，以太坊虚拟机的指令集保留最小集合。所有的指令操作都基于256位的字长，包含常用的算术操作、位操作、逻辑操作等。

2.2.2　以太坊的区块链结构

以太坊的区块链结构比比特币复杂。在以太坊中，有一个被称为BlockChain的结构体用来管理整个区块链。在以太坊的客户端软件中，只有一个BlockChain对象存在。BlockChain 内部还有一个成员变量类型 HeaderChain，用来管理所有区块头（Header）组成的单向链表。HeaderChain 在全局范围内也仅有一个对象，并被 BlockChain 持有。

2.2.2.1 以太坊的区块链结构图

以太坊的区块链结构和比特币比较相似，整个区块链由自创世纪区块（Genesis Block）开始无限延伸下去、前后相连的区块组成。它的结构图如图 2-6 所示。

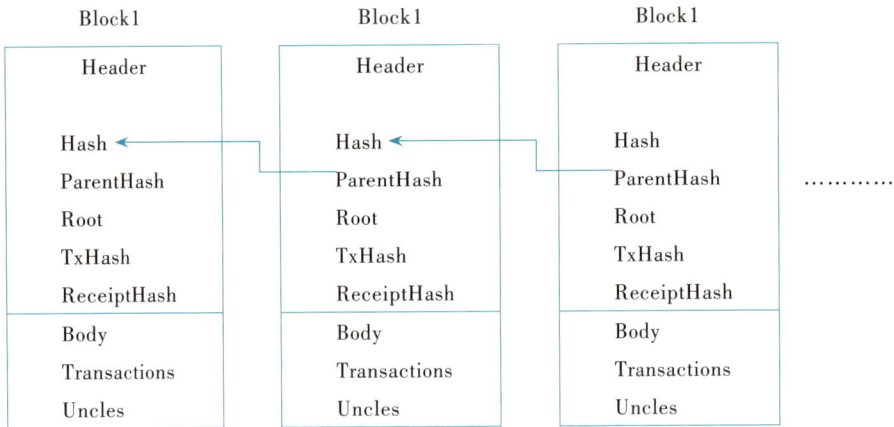

图 2-6 以太坊的区块链结构

图 2-6 所示的这个区块链由 BlockChain 结构定义，我们就从 BlockChain 这个结构开始介绍。

2.2.2.2 区块链结构

BlockChain 由若干字段组成，其中一些关键的字段信息见表 2-6。

表 2-6 以太坊的区块链结构字段表

字段	数据类型	描述
chainConfig	*params.ChainConfig	区块链及网络的设置
cacheConfig	*CacheConfig	设置数据的缓存
db	ethdb.Database	永久存储数据的数据库
hc	*HeaderChain	指向由区块头组成的单向链表的指针
genesisBlock	*types.Block	指向创世区块的指针
engine	consensus.Engine	处理以太坊共识机制的引擎
Processor	Processor	区块的处理者
validator	Validator	区块和状态的验证者

2.2.2.3 区块头链表结构

在 BlockChain 结构中有一个字段 HeaderChain，是由所有区块的区块头所组成的单项链表组成的，其部分关键字段见表 2-7。

表 2-7 以太坊的区块头链表结构字段表

字段	数据类型	描述
chainDb	ethdb.Database	永久存储数据的数据库
genesisHeader	*types.Header	指向创世区块区块头的指针
engine	consensus.Engine	处理以太坊共识机制的引擎

2.2.2.4 以太坊的区块结构

以太坊区块链中所有区块的结构都是一模一样的。每一个区块都由若干字段组成，其中的部分关键字段见表 2-8。

表 2-8 以太坊的区块结构字段表

字段	数据类型	描述
header	*Header	指向区块头的指针
uncles	［］*Header	指向叔块的指针
transactions	Transactions	区块所收录的所有交易数据
td	*big.Int	指向存储所有挖矿难度数据块的指针

2.2.2.5 以太坊的区块头结构

以太坊的区块结构中有一个 Header 字段，它是区块的区块头，其中的部分关键字段见表 2-9。

表 2-9 以太坊的区块头结构字段表

字段	数据类型	描述
UncleHash	common.Hash	叔块的哈希值
Coinbase	common.Address	Coinbase 地址
Root	common.Hash	状态树树根的哈希值
TxHash	common.Hash	交易树树根的哈希值
ReceiptHash	common.Hash	收据树树根的哈希值
Difficulty	*big.Int	指向挖矿难度的指针
GasLimit	uint64	Gas 上限
GasUsed	uint64	交易消耗的 Gas
Time	*big.Int	时间戳
Nonce	BlockNonce	随机数

2.2.2.6 默克尔-帕特里夏树

以太坊是基于账户的分布式账本，相比于比特币，以太坊设计得更加复杂。在比特币中，对交易的处理使用了默克尔树；而在以太坊中，用了另外一种数据结构：默克尔-帕特里夏树（Merkle-Patricia Tree，MPT）。

MPT树中的节点包括空节点、叶节点、扩展节点和分支节点：

空节点，简单地表示空，在代码中是一个空串。

叶（Leaf）节点，表示为［key，value］的一个键值对，其中key是一种特殊的16进制编码，value是RLP编码。

扩展（Extension）节点，也是［key，value］的一个键值对，这里的value是其他节点的哈希值。

分支（Branch）节点，是一个长度为17的列表（List）。因为MPT树中的key被编码成一种特殊的16进制的表示，再加上最后的value，所以分支节点是一个长度为17的List。前16个元素对应着key中的16个可能的16进制字符。如果有一个［key，value］对在这个分支节点终止，最后一个元素代表一个值，即分支节点既可以是搜索路径的终止，也可以是路径的中间节点。

MPT树中另一个重要的概念是16进制前缀（Hex-prefix，HP）编码，用来对key进行编码。因为有两种［key，value］节点（叶节点和扩展节点），所以有必要引进一种特殊的终止符标记，来标识key所对应的是真实的值，还是其他节点的哈希值。如果终止符标记被打开，那么key所对应的就是叶节点，对应的值是真实的value；如果终止符标记被关闭，那么key所对应的就是其他节点的哈希值。

一个典型的MPT树如图2-7所示，这幅图为以太坊官方的示例图。

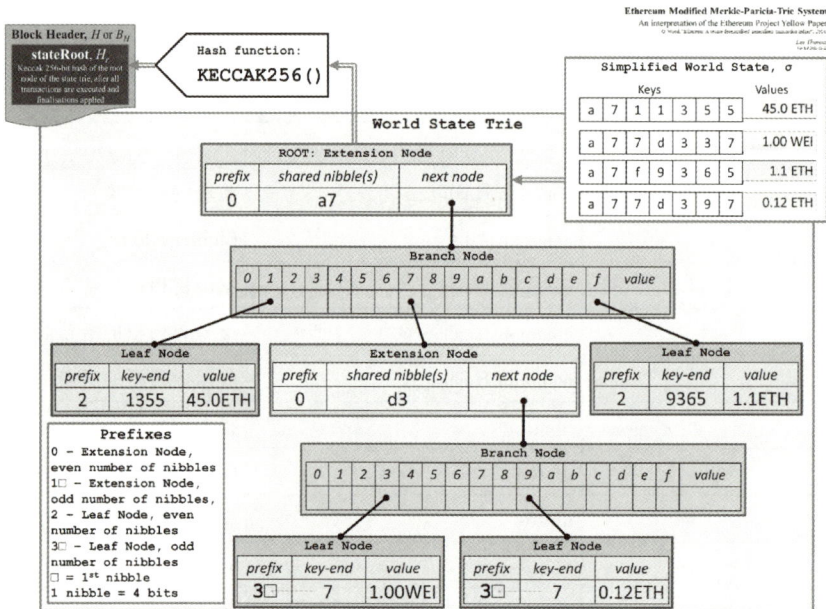

图2-7 以太坊的一个典型MPT树

2.2.2.7　交易

在区块中有一个字段"transactions"，它记录了区块收录的所有交易数据，所包含的部分关键字段见表2-10。

表2-10　　　　　　　　　　　　以太坊的交易结构字段表

字段	数据类型	描述
data	txdata	收录的所有交易数据
hash	atomic.Value	哈希值

2.2.2.8　交易数据

在transaction中有一个字段"txdata"，它记录了所有交易数据，所包含的部分关键字段见表2-11。

表2-11　　　　　　　　　　　　以太坊的交易数据结构字段表

字段	数据类型	描述
AccountNonce	uint64	账户随机数
Price	*big.Int	交易费用
GasLimit	uint64	Gas上限
Recipient	*common.Address	接收者地址
Amount	*big.Int	金额
Payload	[ ] byte	消息调用的输入信息
V	*big.Int	交易签名数据的一部分，用于确认交易发送者
R	*big.Int	交易签名数据的一部分，用于确认交易发送者
S	*big.Int	交易签名数据的一部分，用于确认交易发送者
Hash	*common.Hash	哈希值，产生JSON文件时所需

2.2.3　以太坊的共识机制及挖矿

在成文时，以太坊的共识机制和比特币的共识机制非常类似，都是基于"工作量的证明"（Proof of Work，PoW）的共识机制。关于共识机制的详细定义，可参看

"2.1.3比特币的共识机制及挖矿"。

2.2.4　运行以太坊的客户端

为了让大家对以太坊有更直观的了解,我们在本节介绍一套在家用电脑上运行以太坊的全节点客户端基本的步骤。

和比特币类似,以太坊的客户端也分为全节点和轻节点(关于"全节点"的详细解释请参看"2.1.4运行比特币的客户端")。以太坊的全节点客户端主要有以下版本:

①以太坊基金会主持开发的用Go语言编写的go-ethereum;

②以太坊基金会主持开发的用C++语言编写的cpp-ethereum;

③以太坊基金会主持开发的用Python语言编写的pyethapp;

④Parity Technologies主持开发的用Rust语言编写的Parity。

目前在以太坊系统中运行最多的是go-ethereum和Parity这两种客户端。在本节中我们以go-ethereum为例说明如何运行以太坊的一个全节点客户端。

运行go-ethereum客户端所需的软硬件配置如下:

①操作系统:Ubuntu 18.04 64位;

②以太坊客户端软件:go-ethereum最新版本;

③电脑内存:2G以上;

④硬盘空间:150G以上。

安装步骤如下:

(1)安装所需软件包。

①sudo apt update;

②sudo apt install -y build-essential golang software-properties-common;

③sudo apt install -y libdb++-dev libssl-dev libreadline-dev autoconf curl wget vim graphviz。

(2)配置环境变量$GOPATH。

$GOPATH是一个非常重要的环境变量,后续安装的工具或者代码都要在这个路径之下,也是为了方便后续的调试开发工作:

mkdir ~/go

把$GOPATH下的bin目录加入PATH之中,方便后续调用:

echo "export PATH=$PATH:$GOPATH/bin" >> ~/.bashrc

source ~/.bashrc

(3)下载go-ethereum源代码。

git clone https://github.com/ethereum/go-ethereum

(4)编译go-ethereum。

cd $GOPATH/src/github.com/ethereum/go-ethereum/cmd/geth

go build

（5）运行 go-ethereum。

./geth

（1）张三申请了一个 MetaMask 的以太坊钱包，这个钱包中的账户是外部账户还是合约账户？

（2）以太坊外部账户和合约账户的数据结构是一样的吗？

（3）以太坊 MPT 树中的 Key 对应的是其他节点的哈希值还是真实的 Value，或者两者皆有可能？

（4）以太坊的共识机制是什么？

● 2.3 超级账本（Hyperledger）简介

超级账本（Hyperledger）是一个全球跨行业领导者的商业区块链技术合作项目，由 Linux 基金会主管，在 2015 年 12 月主导发起，其领导者囊括了金融、银行、物联网、供应链、制造和技术领域的佼佼者。

2.3.1 Hyperledger 项目背景

2015 年 12 月，Linux 基金会宣布了 Hyperledger 项目的启动。项目的目标是区块链及分布式记账系统的跨行业发展与协作，并着重发展性能和可靠性（相对于类似的数字货币的设计）使之可以支持主要的技术、金融和供应链公司中的全球商业交易。

Hyperledger 现在包括下面四种平台：

（1）Hyperledger Burrow 是一个包含了"built-to-specification"的以太坊虚拟机区块链客户端，主要由 Monax 贡献，并由 Monax 和英特尔赞助。

（2）Hyperledger Fabric 是一个许可的区块链构架（permissioned blockchain infrastructure）。它是由 IBM 和 Digital Asset 最初贡献给 Hyperledger 项目的。它提供了一个模块化的构架，把架构中的节点、智能合约的执行（在 Fabric 项目中称为"chaincode"）以及可配置的共识和成员服务模块化。一个 Fabric 网络包含对等节点（peer nodes）执行智能合约、访问账本数据、背书交易等。系统中的命令者节点（orderer nodes）负责确保此区块链的一致性，并传达被背书的交易给网络中的对等节点。系统中的成员服务提供者（Member Service Provider，MSP）主要作为证书授权机构（Certificate Authority）管理 X.509 证书，用于验证成员身份以及角色。

（3）Hyperledger Iroha 是一个基于 Hyperledger Fabric 主要面向移动应用的协议，由 Soramitsu 贡献。

（4）Hyperledger Sawtooth 由 Intel 贡献。Sawtooth 利用一种被称为时间流逝证明（Proof of Elapsed Time）的新型共识机制，这种共识机制基于可信执行环境，由英特尔的 Software Guard Extensions（SGX）提供。

在这四种平台中，以 Hyperledger Fabric 应用最为广泛。因此接下来我们简要介绍一下 Hyperledger Fabric。

2.3.2 Hyperledger Fabric

Hyperledger Fabric 现在主要用在各种联盟链项目中。它与比特币、以太坊等公有区块链最大的区别就是它没有发行数字货币的功能，因此它的功能主要集中在智能合约方面。

在 Hyperledger Fabric 中，智能合约被称为 chaincode。一个 chaincode 是一个程序，它使用 Go 语言编写，在 Java 等其他编程语言中实现了指定的接口。chaincode 运行在一个独立出来的安全的 Docker 容器中。chaincode 通过应用程序提交的事务初始化和管理账本状态。

>>>> **问题与思考**

（1）Hyperledger Fabric 是开源项目吗？

（2）Fabric 支持智能合约吗？其智能合约被称为什么？

◉ 2.4 挖矿

2.4.1 挖矿原理

我们在前面的章节中介绍过比特币和以太坊的挖矿。挖矿并不是比特币和以太坊专有的活动。实际上在目前所有的基于公有区块链的数字货币系统中，挖矿都是必不可少的。在区块链公链中，系统是开放、无许可的，这意味着带有任何企图的节点都可以自由加入，因此在这样的系统中维护系统的安全，保持系统的正常运作必须依靠系统中"诚实"节点的付出。这种付出不可能是义务的，系统必须对这种付出给予回报，因此挖矿就必不可少。

在目前所有的数字货币公有区块链中，挖矿都遵循下列步骤：

（1）每隔一段时间，系统中某个节点在共识机制的作用下抢得记账权，将这段时间内的交易打包进一个区块并把该区块加入到区块链里。

（2）区块链系统给这个节点一定数字货币的奖励。这种奖励一方面是对节点做贡献的激励和回报，另一方面也是区块链系统发行数字货币的方式。

（3）尽管不同的区块链有不同的共识机制，但无论采用哪种共识机制，最终系统中在某一时刻只有一个节点会得到挖矿奖励。

在这个过程中，挖矿得到奖励的节点被称为"矿工"。

2.4.2 挖矿难度

挖矿难度（Mining Difficulty），又称"区块难度"（Block Difficulty），它是用来衡

量挖出一个区块平均所需要的运算次数的指标。挖矿难度通常用于基于工作量证明的挖矿中。挖矿难度反映了在一定难度下，用多长时间才能挖到一个区块，是衡量矿工挖矿的重要参考指标。

在比特币系统中，用"算力"（Hashrate）来衡量挖矿难度。"算力"是指矿机每秒产生哈希（Hash）碰撞的能力，也就是每秒的哈希数 H/s。算力的单位转换关系是：

1EH/s = 1 000PH/s

1PH/s = 1 000TH/s

1TH/s = 1 000GH/s

1GH/s = 1 000MH/s

1MH/s = 1 000KH/s

1KH/s = 1 000H/s

由于比特币现在已经被广泛认可，具有商业价值，因此吸引了矿工参与比特币挖矿。当比特币价格高涨时，加入挖矿的矿工增多，比特币全网的算力就会升高；当比特币价格低迷时，无利可图退出挖矿的矿工增多，比特币全网的算力就会降低。比特币系统为了维持挖矿速度的稳定会根据全网算力的高低适时调整挖矿难度，以保证约10分钟产出一个新区块。

2.4.3　矿池

矿池是随比特币挖矿活动的竞争越来越激烈而产生的一种新兴事物。当比特币挖矿竞争越来越激烈时，比特币全网的算力会不断上涨，逐渐导致单个挖矿设备或少量算力已经难以获得挖矿奖励。在这种状况下，一些极客们开发出一种可以将零散算力聚合挖矿的技术，运用这种技术聚集零散算力的系统便被称为"矿池（Mining Pool）"。

当零散算力加入到矿池后，矿池会将挖到的总比特币根据该算力在矿池总算力中的占比对其分配比特币奖励。

矿池对挖矿收益的分配方式主要有 PPLNS、PPS、PROP 三种：

（1）PPLNS 全称为 Pay Per Last N Shares。在这种分配方式下，所有的矿工中一旦有哪个矿工成功打包区块，大家便根据各人在最近一轮结算窗口中贡献的算力占比来分配此区块包含的挖矿奖励。

（2）PPS 全称为 Pay Per Share。在这种分配方式下，矿池中只要有余额便立即按照各人贡献的算力占比来分配该金额，而不用等到矿池挖矿成功再分配奖励。

（3）PROP 全称为 Proportional。在这种分配方式下，即便矿池中有矿工成功打包区块，也要等待该区块真正被确认后，才能根据各人贡献的算力占比来分配此区块包含的挖矿奖励。

根据矿池算力实时排行榜网站（https：//btc.com/stats/pool）的数据，截止成书时，全球算力排名前五的比特币矿池是：F2Pool、Poolin、BTC.com、AntPool、

OKExPool。

2.4.4 挖矿存在的问题

目前主流的挖矿方式有基于工作量证明（PoW）的挖矿、基于权益证明（PoS）的挖矿和基于代理权益证明（DPoS）的挖矿等，但在成书时使用最广泛、最普及的仍然是基于工作量证明的挖矿。

基于工作量证明的挖矿存在下面这些问题：

（1）矿业中心化。以比特币挖矿为例，经过商业利益的驱使和市场的淘汰，矿业逐步被少数人控制，决策权基本落入矿工手中。典型案例便是比特大陆一家垄断了全球将近7成的矿机生产，其参股及控股的挖矿算力接近全球的50%。

（2）能耗大。我们仍然以比特币为例，在比特币挖矿中，矿机的运作需要消耗大量的电力，而这些电力消耗所作的运算没有太大意义。

正因为如此，业界在比特币之后做了大量的探索，发明了各种新型的共识机制，以期取代和逐渐淘汰比特币所使用的基于工作量证明的挖矿方式。

>>>> **问题与思考**

（1）在公有区块链中，为什么需要挖矿？

（2）目前比特币挖矿存在哪些问题？

2.5 分叉

在数字货币中有一个常常听到的名词"分叉"。就像树木在生长过程中出现新的分支一样，数字货币在发展的过程中也有可能由于种种原因在原来的体系中另外分出一支，成长为一种新的数字货币。这种新的数字货币和原来的数字货币都源于同一份代码，看起来就像树木"分叉"一样。

为什么数字货币会分叉？其根本原因是数字货币的开发其源代码是开源的，其开发过程是自由的，因此任何人、任何团队都可以在原数字货币代码的基础上进行改进发展出一种新的数字货币。

数字货币的分叉有两种：硬分叉和软分叉。

2.5.1 硬分叉

硬分叉是指数字货币新发布的客户端软件版本对原有版本的数据格式、参数、算法等发生了改变，这种改变导致仍然运行原有客户端软件版本的节点无法或拒绝验证运行新版本的节点所产生的区块。

这时新版本和原有版本的客户端已经无法兼容，运行不同版本的节点只能验证各自产生的区块，原有的数字货币自此分裂为两种，原有的区块链也分裂为两条链。

硬分叉有如下特点：

（1）没有前向兼容性，即硬分叉之后产生的新版本无法兼容原有版本。

（2）原有数字货币的区块链分裂为两条链：一条为原链；另一条为分叉后产生的新链。

（3）分叉会在某个时刻（一般为某个区块高度）发生，在该时刻（该区块高度）后，原有的区块链裂变为两条链，原来的数字货币分裂为两种数字货币。

当硬分叉发生后，没有升级到新版本的节点仍然属于原有的区块链，升级到新版本的节点则属于分叉后新产生的区块链。

比特币现金（BCH）就是从比特币硬分叉出来的数字货币。

2.5.2 软分叉

与硬分叉不同，软分叉是指数字货币新发布的客户端软件版本对原有版本的数据格式、参数、算法等发生了改变，但这种改变不影响运行原有客户端软件版本的节点验证运行新版本的节点所产生的区块。

软分叉有如下特点：

（1）有前向兼容性，即分叉之后产生的新版本仍然兼容原有版本。

（2）区块链仍然只有一条，只是组成区块链的区块由于格式或数据的细微差别有新区块和旧区块之分。

在软分叉发生后，数字货币仍然只有一种，没有产生新的数字货币。

>>>>> **问题与思考**

（1）某个团队将基于比特币的源代码，但是将减半时间由4年缩短为2年。这个修改导致的分叉是硬分叉还是软分叉？

（2）BCH从比特币中硬分叉出来，是修改了比特币的哪一个特性？

2.6 热钱包和冷钱包

在前面的章节中，我们介绍了比特币和以太坊常用的钱包。这些钱包往往被统称为"热钱包"。简单地说，"热钱包"就是直接连接到互联网上的钱包。因为直接连接到互联网上，所以这类钱包在运行时，有可能遭到互联网上黑客的攻击而导致密钥被盗，存在安全隐患。

与"热钱包"相对的是"冷钱包"。冷钱包就是断绝与互联网连接的钱包，又称"离线钱包"。由于"热钱包"存在安全隐患，因此一些科技公司研发出了在断网情况下仍然可以存放和转账数字货币的钱包方案。这类方案一般都运行在一个嵌入式硬件设备上，在离线状态下使用私钥，因此大大提高了钱包的安全性，保障了数字资产的安全。

>>>> 问题与思考

（1）冷钱包可以在断网的情况下对交易进行签名吗？

（2）冷钱包和热钱包的本质区别在哪里？

2.7　区块链浏览器

区块链浏览器是一种区块链信息搜索和查询工具，用户在区块链浏览器中输入区块及与交易相关的关键字可以查到区块及交易的详细信息。

以以太坊区块链浏览器为例：我们在以太坊浏览器中输入某钱包地址可以查询到此钱包地址的余额，输入一笔交易的ID可以查到这笔交易的详细信息。我们还可以输入某区块的高度，以哈希值搜索这个区块的所有内容。

在以太坊中常用的浏览器有 etherscan.io 和 etherchain.org 等。

我们打开 etherscan.io 浏览器，然后在右上角空格中输入关键字就可以搜索，如图 2-8 所示。

图 2-8　etherscan.io 区块链浏览器主页

>>>> 问题与思考

（1）比特币区块链浏览器上能看到一个地址中包含的总金额吗？

（2）以太坊浏览器上能看到一个地址自创建以来所有的交易吗？

2.8　侧链

现有的数字货币中不少都在区块链性能方面有较大的限制。比如，比特币每秒所能处理的交易只有10笔左右，以太坊每秒所能处理的交易只有10笔到20笔。这样的交易性能极大地限制了这些公链处理交易的能力并限制了它们的用途和使用场景。

业内很早就有团队关注到了这个现象，研究如何提高这些区块链系统的交易处理性能，并进行了大胆的探索，提出了各种方案。其中一类方案是在原有区块链的基础上附加一条区块链，以拓展原有区块链的性能。在这种方案中，原来的区块链被称为主链，附加的区块链被称为侧链。

我们可以把侧链看作一种协议。它可以让数字资产安全地从主链转移到侧链，又可以安全地从侧链返回主链。

侧链与主链的通信方式被称为"双向锚定"，即在主链和侧链的通信中一方要以另一方的行动为标准。

我们以比特币为例，如果比特币有一条侧链和它锚定，则比特币和这条侧链的通信方式是这样的：

在比特币区块链中，比特币只能在比特币区块链内转移，而不能转移到其他区块链上，但比特币可以被锁定在比特币区块链内。因此，我们可以在比特币区块链内锁定一定量的比特币，然后将与锁定比特币等值的侧链通证（Token）在侧链上释放流通。这就相当于比特币从比特币区块链"转移"到侧链上去了。

当我们想把侧链上的"比特币"转回比特币区块链时，我们只要把侧链上流通的等值的侧链通证锁定，然后原先锁定在比特币区块链上的比特币就可以被释放了。这就相当于比特币从侧链又"回到"了主链。

因此"双向锚定"的过程实际上就是一方锁定、另一方解锁的过程，解锁方是否解锁，要以锁定方是否锁定为标准。

在这个过程中，有个很大的挑战，就是对锁定数字资产的监管，这也是侧链技术要解决的核心问题。目前对锁定资产的监管有两种模式，即单一托管人模式和联盟托管模式。

（1）单一托管人模式。这种模式是由一个可信的第三方机构来锁定、监管主链和侧链的资产。第三方机构既可以手动操作，也可以使用软件系统来操作。单一托管人模式的架构图如图2-9所示。

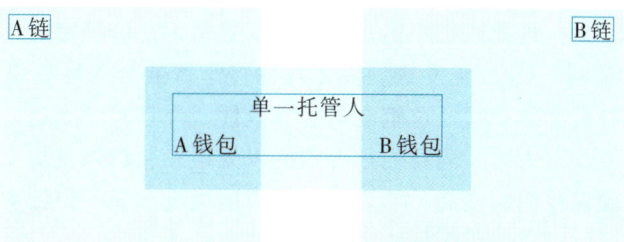

图2-9　单一托管人模式的架构图

单一托管人模式在执行效率上比较高，但是存在单点风险。如果此托管人发生故障，则双方的资产就存在风险。因此，出现了联盟托管模式。

（2）联盟托管模式。这种模式的架构图和单一托管人模式非常类似，只不过托管机构由单一的第三方机构变为多个机构组成的联盟，由联盟进行决策。相对于单一托管人模式存在的单点风险，联盟托管模式则大大降低了这种风险，让托管方式更加去中心化。在这种模式中，托管方由多个组织构成，每个组织都有投票权，只有当总票数达到一定门槛时，资产的锁定和解锁才能被确认。

目前比较知名的侧链项目是比特币的"闪电网络"（Lightning Network）。

>>>>> **问题与思考**

（1）当主链的资产被锁定，释放到侧链后，主链的资产什么时候能再次被解锁释放？

（2）列举你所知道的侧链项目。

2.9 跨链

跨链技术也是一种拓展区块链性能的技术，涉及数字资产在两个不同区块链之间的流通，但是与侧链技术不同的是，在侧链技术中有主链和侧链，而在跨链技术中，两个区块链的地位是对等的。

跨链技术和侧链技术一样要解决资产的锁定和释放。侧链中用到的技术和模式也可以用到跨链中，但是由于跨链技术出现得较晚，并且在跨链技术出现时，已经诞生了大量支持智能合约的数字货币，因此跨链技术大量地用到了智能合约对资产的锁定功能。

同样以比特币为例，如果在比特币和以太坊之间建立一条跨链系统，则如图2-10所示。

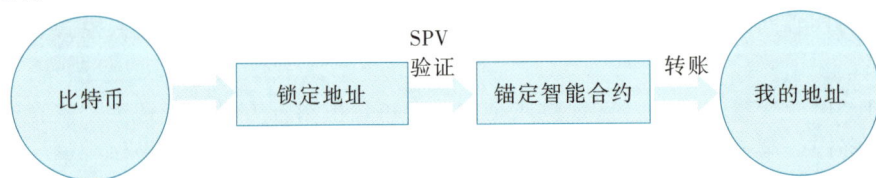

图2-10 在比特币和以太坊之间建立的一条跨链系统

这个跨链过程是：当我们把一定量比特币发到锁定地址锁定时，同时会把这笔交易的"简单支付证明"（SPV）发送到以太坊的一个智能合约地址上。以太坊上这个智能合约收到信息后会自动验证这笔交易的有效性，一旦验证通过，则自动在以太坊区块链上释放等值的以太币。当我们把等值的以太币发回给以太坊上的这个智能合约后，智能合约会验证我们的交易，然后向比特币区块链出具一份证明，证明等值的以太币已经被锁定，这时比特币区块链就能释放锁定的比特币。

在这个过程中，由于智能合约自动对交易进行验证和执行，使得整个过程无论在效率还是在安全性上都获得了保证。

知名的跨链技术项目有COSMOS和POLKADOT。

COSMOS是Interchain Foundation的跨链开源项目。COSMOS是专注于解决跨链资产转移的区块链网络，其核心开发团队也是COSMOS所采用的Tendermint共识引擎的发明者。Tendermint 是一个类似实用拜占庭容错共识引擎，具有高性能、一致性等特点。

　　POLKADOT 是以太坊联合创始人 Gavin Wood 博士发起创立的，它通过中继链技术让数字资产在不同区块链之间流动。

>>>>> 问题与思考

　　列举至少一个当下业界知名的跨链项目。

▶ 第三章 密码学基础

密码学技术是区块链技术的基石之一，是区块链技术的核心。本章我们将简单介绍密码学的发展及区块链技术中常用的密码学技术。

● 3.1 密码学发展简史

密码的应用早在公元前400多年就已经出现，密码学的发展大致可分为三个阶段：1949年之前的古典密码学阶段；1949年至1975年密码学成为科学的分支；1976年以后非对称密钥密码算法得到进一步发展，产生了密码学的新方向——公钥密码学。

3.1.1 古典密码学

古典密码学的历史可以追溯到公元前400年，斯巴达人发明了"塞塔式密码"，即把长条纸螺旋形地斜绕在一个多棱棒上，将文字沿棒的水平方向从左到右书写，写一个字旋转一下，写完一行再另起一行从左到右写，直到写完。解下来后，纸条上的信息杂乱无章、无法理解，这就是密文，但将它绕在另一个同等尺寸的多棱棒上后，就能看到原始的信息。这是最早的密码技术。

我国古代也早有以藏头诗、藏尾诗、漏格诗及绘画等形式，将要表达的真正意思或"密语"隐藏在诗文或画卷中特定位置的记载，一般人只注意诗或画的表面意境，而不会去注意或很难发现隐藏其中的"话外之音"。

这一时期的密码学更像是一门艺术，其核心手段是代换和置换。代换，是指明文中的每一个字符被替换成密文中的另一个字符，接收者对密文做反向替换便可恢复出明文。置换，是指密文和明文字母保持相同，但顺序被打乱。代换密码的著名例子有古罗马的恺撒密码（公元前1世纪）和法国的维吉尼亚密码（16世纪）。恺撒密码是对字母表中每一个字母用它之后的第k个字母来代换，如将"comeatnine"加密为"htrjfysnsj"（k=5）。但这种加密方式无法掩盖各字母之间的频率特征，易被破解。相比之下，维吉尼亚密码则提升了安全性，它的密钥通常是一个单词，如"hear"，对于上述明文"comeatnine"，加密时将第1个字母后移8位（密钥"hear"的第一个字母h处于字母表第8位），第2个字母后移5位（密钥的第二个字母e处于字母表第5位），以此类推，因此加密后的结果是"jsmvhxnzui"。

3.1.2 近代密码学

密码形成一门新的学科是在20世纪70年代，这是受计算机科学蓬勃发展刺激和推动的结果。快速电子计算机和现代数学方法一方面为加密技术提供了新的概念和工具，另一方面也给破译者提供了有力武器。计算机和电子学时代的到来，给密码设计者带来了前所未有的自由，他们可以轻易地摆脱原先用铅笔和纸进行手工设计时易犯的错误，也不用再面对用电子机械方式实现密码机的高额费用。

Arthur Scherbius 于 1919 年设计出了历史上最著名的密码机——Enigma，在第二次世界大战期间，Enigma 曾作为德国陆、海、空三军最高级密码机。Enigma 使用了 3 个正规轮和 1 个反射轮。这使得英军从 1942 年 2 月到 12 月都没能解读出德国潜艇发出的信号。转轮密码机的使用大大提高了密码加密速度，但由于密钥量有限，到第二次世界大战中后期，引出了一场关于加密与破译的对抗。首先是波兰人利用德军电报中前几个字母的重复出现，破解了早期的 Enigma 密码，并将破译的方法告诉了法国人和英国人。英国人在计算机理论之父——图灵的带领下，通过寻找德国人在密钥选择上的失误，成功地取得了德军的部分密码本，获得密钥，并通过选择明文攻击等手段，破解出相当多的非常重要的德军情报。

近代密码学真正开始于美国数学家香农在 20 世纪 40 年代末发表的一系列论文，特别是 1949 年的《保密系统通信理论》，把已有数千年历史的密码学推向了基于信息论的科学轨道。近代密码学发展中一个重要突破是"数据加密标准（DES）"的出现。DES 的意义在于：首先，它的出现使密码学得以从政府走向民间，其设计主要由 IBM 公司完成，国家安全局等政府部门只是参与其中，最终经美国国家标准局公开征集遴选后，确定为联邦信息处理标准；其次，DES 中的很多思想（Feistel 结构、S 盒等），被后来大多数分组密码所采用；最后，DES 出现之后，不仅在美国联邦部门中使用，而且风行世界，并在金融等商业领域广泛使用。

3.1.3　现代密码学

1976 年 W.Diffie 和 M.Hellman 在 IEEE Trans.on Information 刊物上发表了"New Direction in Cryptography"文章，提出了"非对称密码体制即公开密钥密码体制"的概念，开创了密码学研究的新方向。公钥密码的提出实现了加密密钥和解密密钥之间的独立，解决了对称密码体制中通信双方必须共享密钥的问题，在密码学界具有划时代的意义。

1977 年，美国麻省理工学院提出第一个公钥加密算法——RSA 算法，之后 ElGamal、椭圆曲线、双线性对等公钥密码相继被提出，密码学真正进入了一个新的发展时期。一般来说，公钥密码的安全性由相应数学问题在计算机上的难解性来保证，以广为使用的 RSA 算法为例，要破解它需要计算大整数因子的分解，而这种计算在现有的计算系统中执行起来难度极高，这就保证了以现有计算技术很难攻破这个算法。例如，对于整数 22，我们易于发现它可以分解为 2 和 11 两个素数相乘，但对于一个 500 位的整数，即使采用相应算法，也要很长时间才能完成分解。然而，随着计算能力的不断增强和因子分解算法的不断改进，特别是量子计算机的发展，公钥密码安全性也渐渐受到威胁。目前，研究者们开始关注量子密码、格密码等抗量子算法的密码，后量子密码等前沿密码技术逐步成为研究热点。

3.1.4　量子密码学

量子密码学是加密学领域的一个新兴门类。它基于量子力学原理，能通过公开信道在用户之间严格安全地分配密钥。在量子密码技术中，量子态作为信息载体，经由量子通道在用户之间传送密钥。

量子密码技术基于以下两个要点保证密钥分配的安全：

（1）以单光子（量子）携带信息，无惧第三方分取信息。

（2）量子不可克隆定律保证第三方无法拷贝信息。

将量子力学的原理用于加密技术的想法最早源自美国科学家威斯纳（Stephen Wiesner）。他在1970年提出可利用单量子态制造不可伪造的"电子钞票"。到了1984年，贝内特（Charles H. Bennett）和布拉萨德（Gilles Brassard）提出著名的量子密钥分配协议，也称为BB84方案，从此迎来量子密码技术的新时期。经过30多年的研究和发展，量子密码学已经发展成为密码学的一个重要分支。

量子密码学之所以受到广泛的关注，主要原因在于量子密码本身的独特属性使得它比数学密码更具应用上的优势。这主要体现在对信道中窃听行为的可检测性和密码方案的无条件安全性（可证明安全性或者高安全性）两个方面。

所谓对信道中窃听行为的可检测性，是指通信中的两个用户之间的信道受到干扰时，通信者根据某个量子力学原理可以同步实时地检测出这种干扰的存在与否。所谓密码方案的无条件安全性，是指量子密码方案在攻击者具有无限计算资源的条件下，仍不可能破译修改密码方案的特性。

面对未来具有超级计算能力的量子计算机，现行基于解自然对数及因子分解难度的加密系统将变得不安全，而量子密码技术则可以取得经典密码学所无法取得的安全性。可以说，量子密码技术将是保障未来网络通信安全的一种重要技术。

3.1.5　密码学的前景

1976年 W.Diffie 和 M.Hellman 提出了公钥密码，标志着现代密码学的诞生，在国际密码学发展史上是具有里程碑意义的大事件。自此国际上已提出了许多种公钥密码体制，如基于分解大整数的困难性的公钥密码体制——RSA 密码体制及其变种，基于离散对数问题的公钥密码体制——ElGamal 密码体制及其变种的 ECC 密码体制等，这些都得到了广泛应用，并且为当今信息化时代提供了各种各样的安全性服务（如机密性、可信性（鉴别）、完整性、不可否认性、可用性以及访问控制等）。这些公钥密码体制的安全性均依赖于数学难题（大整数分解难题和离散对数求解难题）的困难性。然而，这些问题在量子计算情形下，经过 Shor 算法均可变为易解问题——P问题，因而我们可以断言量子计算机出现之日，便是现今密码寿终正寝之日。因此，研究抗量子计算的密码算法是未来密码学新的研究方向。

公钥密码的意义是什么？

3.2 非对称加密

3.2.1 非对称加密概述

非对称加密是现代密码学的重要发展成果。非对称加密需要公开密钥（Public Key，简称公钥）和私有密钥（Private Key，简称私钥）两个密钥。公钥与私钥是一对，如果用公钥对数据进行加密，只有用对应的私钥才能解密。因为加密和解密使用的是两个不同的密钥，所以这种算法也称为非对称加密算法。

非对称加密算法实现机密信息交换的基本过程是：甲方生成一对密钥并将公钥公开，需要向甲方发送信息的其他角色（乙方）使用该密钥（甲方的公钥）对机密信息进行加密后再发送给甲方；甲方再用自己私钥对加密后的信息进行解密。甲方想要回复乙方时正好相反，使用乙方的公钥对数据进行加密，同理，乙方使用自己的私钥来进行解密。此外，甲方可以使用自己的私钥对机密信息进行签名后再发送给乙方；乙方再用甲方的公钥对甲方发送回来的数据进行验签。非对称加密算法的保密性比较好，它消除了最终用户交换密钥的需要。

非对称密码体制的特点是：算法强度复杂、安全性依赖于算法与密钥，但是由于其算法复杂，而使得加密解密速度没有对称加密解密的速度快。对称密码体制中只有一种密钥，并且是非公开的，如果要解密就得让对方知道密钥。因此保证其安全性就是保证密钥的安全，而非对称密码体制有两种密钥，其中一个是公开的，这样就可以不需要像对称密码那样传输对方的密钥了，安全性就提高了很多。

非对称加密的主要算法有RSA算法、Elgamal算法、背包算法、Rabin算法、D-H算法和ECC算法（椭圆曲线加密算法）。在区块链技术中，使用得非常广泛的是ECC算法。

3.2.2 椭圆曲线加密算法（ECC）

椭圆曲线加密算法（ECC）全称为Elliptic Curves Cryptography。在这一节我们将从平行线讲起，逐步带大家了解椭圆曲线算法的由来、原理和具体步骤。

3.2.2.1 平行线

在欧氏几何中平行线是永不相交的。这个公理长期以来没有受到质疑，但是到了近代开始遭到质疑。如果可以假设平行线永不相交，也可以假设平行线在无限远的地方相交，即平行线相交于无穷远点（P∞），如图3-1所示。

图3-1 平行线交于无穷远点

这个假设把直线的平行与相交统一了。为把无穷远点和平面上原来的点相区别，我们把原来平面上的点叫作平常点。

无穷远点有下列性质：

（1）直线 L 上的无穷远点只能有一个。

（2）平面上一组相互平行的直线有公共的无穷远点。

（3）平面上任何相交的两条直线 L1、L2 有不同的无穷远点。

（4）平面上全体无穷远点构成一条无穷远直线。

（5）平面上全体无穷远点与全体平常点构成射影平面。

3.2.2.2 射影平面坐标系

射影平面坐标系是对笛卡尔平面直角坐标系的扩展。笛卡尔平面直角坐标系中无法表示无穷远点。为了表示无穷远点，就产生了射影平面坐标系，射影平面坐标系同样能表示平常点。

将笛卡尔平面直角坐标系上的点 A（x，y）做如下变换，就可以变换为射影平面坐标系的点：

令 x=X/Z，y=Y/Z（Z≠0）；则点 A 可以表示为（X：Y：Z），此时点 A 有了三个坐标点，这就建立了一个新的坐标体系。

在射影平面坐标系中，可以得到直线的方程 aX+bY+cZ=0（对应笛卡尔平面直角坐标系下的直线方程 ax+by+c=0）。

在射影平面坐标系中，无穷远点的坐标为（X：Y：0），平常点的坐标为（X：Y：Z，Z≠0）。

3.2.2.3 椭圆曲线

一条椭圆曲线是在射影平面上满足威尔斯特拉斯方程（Weierstrass）所有点的集合。我们建立了射影平面坐标系，现在我们在这个坐标系下建立椭圆曲线方程：

$$Y^2Z + a_1XYZ + a_3YZ^2 = X^3 + a_2X^2Z + a_4XZ^2 + a_6Z^3$$

（1）椭圆曲线方程是一个齐次方程。

（2）曲线上的每个点都必须是非奇异的（光滑的），偏导数 $F_X(X, Y, Z)$、$F_Y(X, Y, Z)$、$F_Z(X, Y, Z)$ 不同为 0。

（3）曲线的形状，并不是椭圆。只是因为椭圆曲线的描述方程类似于计算一个椭圆周长的方程，故因此得名。

典型的椭圆曲线如图 3-2 所示。

3.2.2.4 椭圆曲线普通方程

椭圆曲线普通方程为：

$$y^2 + a_1xy + a_3y = x^3 + a_2x^2 + a_4x + a_6$$

无穷远点为（0，Y，0）。

平常点为（x，y），斜率 k：

$$F_x(x,y) = a_1y - 3x^2 - 2a_2x - a_4$$

$$F_y(x,y) = 2y + a_1x + a_3$$

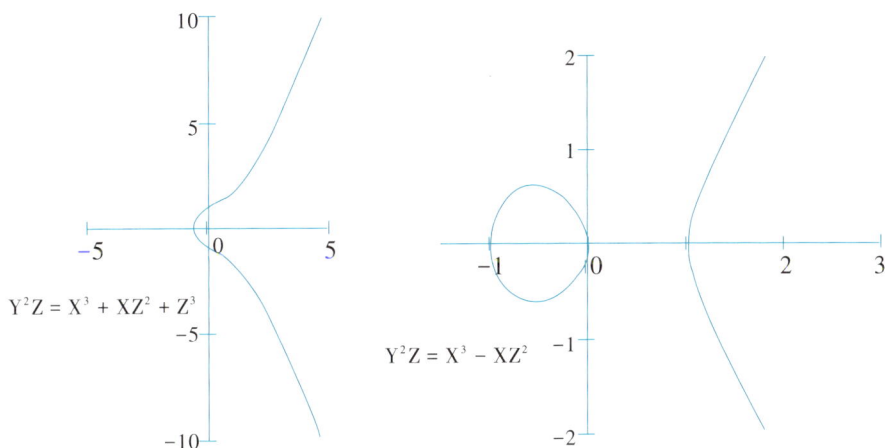

图 3-2　典型的椭圆曲线

$$k = \frac{F_x(x, y)}{F_y(x, y)} = \frac{3x^2 + 2a_2x + a_4 - a_1y}{2y + a_1x + a_3}$$

3.2.2.5　椭圆曲线阿贝尔群

我们已经看到了椭圆曲线的图像，为了建立一个类似于在实数轴上加法的运算法则，需要定义椭圆曲线的加法群，这就要用到阿贝尔群的概念。

在数学中，群是一种代数结构，由一个集合以及一个二元运算所组成。如果已知集合和运算（G，*）是群，则必须满足以下要求：

（1）封闭性：∀a，b∈G，a*b∈G。

（2）结合性：∀a，b，c∈G，有（a * b）* c = a*（b*c）。

（3）单位元：∃e∈G，∀a∈G，有 ea = ae = a。

（4）逆元：∀a∈G，∃b∈G 使得 ab = ba = e。

阿贝尔群除了上面的性质还满足交换律公理a*b=b*a。

在椭圆曲线上也可以定义阿贝尔群。

任意取椭圆曲线上两点P、Q（若P、Q两点重合，则作P点的切线），作直线交于椭圆曲线的另一点R′，过R′作y轴的平行线交于R，定义P+Q=R。这样，加法的和也在椭圆曲线上，并满足加法的交换律和结合律。如图3-3所示。

3.2.2.6　有限域椭圆曲线

椭圆曲线是连续的，并不适用于加密，因此我们必须把椭圆曲线变成离散的点，将椭圆曲线定义在有限域上。

我们给出一个有限域Fp，Fp中有p（p为质数）个元素0，1，2，…，p-2，p-1。

Fp的加法是：a+b≡c（mod p）；Fp的乘法是：a×b≡c（mod p）；Fp的除法是：a÷b≡c（mod p），即a×b^（-1）≡c（mod p），b-1 也是一个0到p-1之间的整数，但满足b×b-1≡1（mod p）。

Fp的单位元是1，零元是0。

Fp域内运算满足交换律、结合律、分配律。

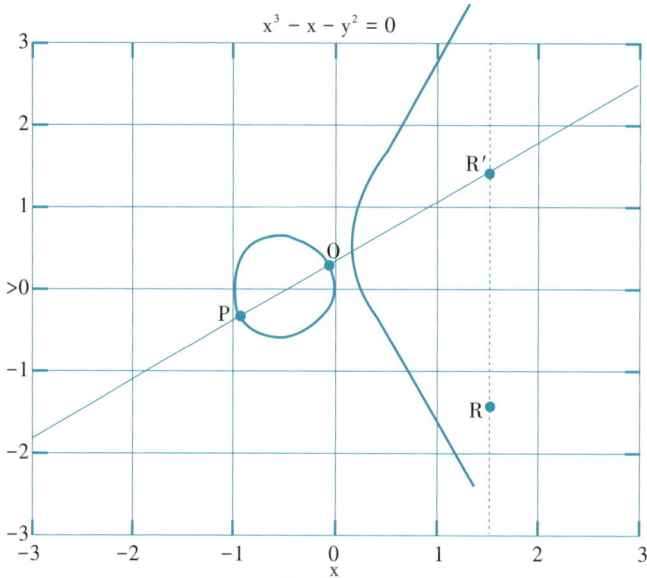

图3-3 椭圆曲线上的加法

椭圆曲线Ep（a，b），p为质数，x，y∈［0，p-1］，即：

$$y^2 = x^3 + ax + b \pmod p$$

选择两个满足下列约束条件的小于p的非负整数a和b，即：

$$4a^3 + 27b^2 \neq 0 \pmod p$$

Fp上的椭圆曲线同样有加法：

（1）无穷远点O∞是零元，有O∞+ O∞= O∞，O∞+P=P。

（2）P（x，y）的负元是（x，-y mod p）=（x，p-y），有P+（-P）= O∞。

（3）P（x_1，y_1）+Q（x_2，y_2）=-R（x_3，y_3），计算如下：

x_3=（k^2-x_1-x_2）mod p

y_3=（k（x_3-x_1）+y_1）mod p=（k（x_3-x_2）+y_2）mod p

若P=Q 则k=（$3x_1^2$+a）/$2y_1$mod p

若P≠Q，则k=（y_1-y_2）/（x_1-x_2）mod p

3.2.2.7 有限域椭圆曲线的阶

如果椭圆曲线上一点P，存在最小的正整数n使得数乘nP=O∞，则称n为P的阶，若n不存在，则P是无限阶的。

3.2.2.8 椭圆曲线加密

考虑K=kG，其中K、G为椭圆曲线Ep（a，b）上的点，n为G的阶（nG=O∞），k为小于n的整数，则给定k和G，根据加法法则，计算K很容易，但反过来给定K和G，求k就非常困难。

在使用中，当p取极大值时，则n也为极大值，要把n个解逐一计算列出来几乎不可能。这就是椭圆曲线加密算法的数学原理。

点G称为基点（Base Point）。

k（k<n）称为私有密钥（Private Key）。

K称为公共密钥（Public Key）。

3.2.2.9　椭圆曲线加密通信算法

利用椭圆曲线进行加密通信的算法步骤如下：

（1）消息接收者A选定一条椭圆曲线E，并取椭圆曲线上一点作为基点G。

（2）消息接收者A选择一个私有密钥k（k<n），并生成公共密钥K=kG。

（3）消息接收者A将E和点K、G发送给消息发送者B。

（4）消息发送者B收到信息后，将待传输的明文编码到E上的一点M（编码方法略），并产生一个随机整数r（r<n，n为G的阶数）。

（5）消息发送者B计算点C_1=M+rK和C_2=rG。

（6）消息发送者B将C_1、C_2发送给消息接收者A。

（7）消息接收者A收到信息后，计算C_1-kC_2，结果就应该是点M。因为：

$C_1-kC_2$$C_1-kC_2$=M+rK−k（rG）=M+rK−r（kG）=M。然后，消息接收者A再对M进行解码就得到明文。

3.2.2.10　椭圆曲线加密算法在使用中的技术要求

通常将Fp上的一条椭圆曲线描述为T=（p，a，b，G，n，h）。其中p、a、b确定一条椭圆曲线（p为质数，（mod p）运算），G为基点，n为点G的阶，h是椭圆曲线上所有点的个数m与n相除所得商的整数部分。

这些参量的选择要求如下：

（1）p越大，安全性越好，但会导致计算速度变慢，200bit左右可满足一般安全要求。

（2）n应为质数。

（3）h≤4；p≠n×h；pt≠1（mod n）（1≤t<20）。

（4）$4a^3 + 27b^2 \neq 0$（mod p）。

3.2.2.11　椭圆曲线加密算法在比特币中的使用

比特币系统选用的secp256k1中，参数为：

p=0xFFFFFFFF FFFFFFFF FFFFFFFF FFFFFFFF FFFFFFFF FFFFFFFF FFFFFFFE FFFFFC2F

=$2^{256} - 2^{32} - 2^9 - 2^8 - 2^7 - 2^6 - 2^4 - 1$

a=0，b=7

G=

（0x79BE667EF9DCBBAC55A06295CE870B07029BFCDB2DCE28D959F2815B16F81798，

0x483ada7726a3c4655da4fbfc0e1108a8fd17b448a68554199c47d08ffb10d4b8）

n=0xFFFFFFFF FFFFFFFF FFFFFFFF FFFFFFFE BAAEDCE6 AF48A03B BFD25E8C D0364141

h=01

（1）非对称加密算法中有几个密钥？

（2）当甲要给乙发送一份文件并希望对这份文件加密时，乙可以给甲他自己的公钥还是私钥？

（3）比特币中使用得非常广泛的是哪种加密技术？

（4）如果我们认为笛卡尔空间的平行线有交点，则交点在哪里？

3.3　哈希算法

3.3.1　哈希算法概述

哈希算法（Hash Algorithm），又称散列算法，它没有一个固定的公式，更像是一种思想，只要符合散列思想的算法都可以称为哈希算法。

那什么是散列呢？它是把任意长度的输入（即预映射 pre-image）通过哈希算法变换成固定长度的输出，该输出就是散列值或哈希值。这种转换是一种压缩映射，也就是哈希值的空间通常远小于输入的空间，不同的输入可能会散列成相同的输出，因此不可能从哈希值来确定唯一的输入值。

哈希算法有下列性质：

（1）单向性。所谓的单向性，是指给定一个输入数，容易计算出它的哈希值，但是已知一个哈希值根据同样的算法不能得到原输入数。

（2）弱抗碰撞性。所谓的弱抗碰撞性，是指给定一个输入数，要找到另一个得到给定数的哈希值，在使用同一种方法时，在计算上不可行。

（3）强抗碰撞性。所谓的强抗碰撞性，是指对于任意两个不同的输入数，根据同样的算法计算出相同的哈希值，在计算上不可行。

使用哈希算法可以提高存储空间的利用率，可以提高数据的查询效率，也可以做数字签名来保障数据传递的安全性。因此，哈希算法被广泛地应用在互联网应用和区块链中。

常用的哈希算法有：

（1）MD4。

MD4（RFC 1320）是 MIT 的 Ronald L. Rivest 在 1990 年开发出来的，MD 是 Message Digest（消息摘要）的缩写。它适用在 32 位字长的处理器上用高速软件实现——基于 32 位操作数的位操作实现的。

（2）MD5。

MD5（RFC 1321）是 Ronald L. Rivest 于 1991 年开发的，是对 MD4 的改进算法。它的输入仍以 512 位分组，其输出是 4 个 32 位字的级联，与 MD4 相同。MD5 比 MD4 复杂，并且速度较慢，但更安全，在抗分析和抗差分方面表现更好。

（3）SHA家族算法。

SHA全称为Secure Hash Algorithm，是安全哈希算法的简称，它是一个密码哈希函数家族，是FIPS所认证的安全散列算法。它是能计算出一个数字消息所对应到的、长度固定的字符串（又称消息摘要）的算法。若输入的消息不同，则它对应到不同字符串的机率会很高。

SHA家族有五个算法，分别是SHA-1、SHA-224、SHA-256、SHA-384和SHA-512。它们由美国国家安全局（NSA）所设计，并由美国国家标准与技术研究院（NIST）发布，是美国的政府标准。后四者有时并称为SHA-2。SHA-1在许多安全协定中广为使用，包括TLS和SSL、PGP、SSH、S/MIME和IPsec，曾被视为是MD5（更早之前被广为使用的杂凑函数）的后继者，但SHA-1的安全性如今被密码学家严重质疑。虽然至今尚未出现对SHA-2有效的攻击，它的算法跟SHA-1基本上相似。

（4）区块链技术中常用的哈希算法。

目前在区块链技术中常用的哈希算法有SHA-256算法、Keccak算法和RIPEMD160算法等。

我们将在下面的章节中重点介绍SHA-256算法和Keccak算法。

3.3.2　SHA-256算法

SHA-256算法是SHA算法家族中的一个。比特币系统在产生公钥和地址时会使用这种算法。

对于任意长度的消息输入，SHA-256算法都会产生一个256bit长的哈希值，称为消息摘要。这个摘要相当于长为32个字节的数组，通常用一个长为64的十六进制字符串来表示。其算法步骤如下：

（1）常量初始化。SHA-256算法中用到了8个哈希初值以及64个哈希常量。其中，8个哈希初值为对自然数中前8个质数（2，3，5，7，11，13，17，19）的平方根的小数部分取前32位（bit）所得。这8个哈希初值以h0~h7表示如下：

h0= 0x6a09e667

h1 = 0xbb67ae85

h2=0x3c6ef372

h3=0xa54ff53a

h4=0x510e527f

h5 = 0x9b05688c

h6 = 0x1f83d9ab

h7 = 0x5be0cd19

其中，64个哈希常量为自然数中前64个质数（2，3，5，7，11，13，17，19，23，…）的立方根的小数部分取前32位（bit）所得，其值如下：

428a2f98 71374491 b5c0fbcf e9b5dba5

3956c25b 59f111f1 923f82a4 ab1c5ed5

d807aa98 12835b01 243185be 550c7dc3

72be5d74 80deb1fe 9bdc06a7 c19bf174

e49b69c1 efbe4786 0fc19dc6 240ca1cc

2de92c6f 4a7484aa 5cb0a9dc 76f988da

983e5152 a831c66d b00327c8 bf597fc7

c6e00bf3 d5a79147 06ca6351 14292967

27b70a85 2e1b2138 4d2c6dfc 53380d13

650a7354 766a0abb 81c2c92e 92722c85

a2bfe8a1 a81a664b c24b8b70 c76c51a3

d192e819 d6990624 f40e3585 106aa070

19a4c116 1e376c08 2748774c 34b0bcb5

391c0cb3 4ed8aa4a 5b9cca4f 682e6ff3

748f82ee 78a5636f 84c87814 8cc70208

90befffa a4506ceb bef9a3f7 c67178f2

（2）信息预处理。SHA-256算法中的预处理就是对待处理的消息输入补充需要的信息，使整个消息满足指定的要求。信息预处理分两个步骤：附加填充位（bit）和附加长度值。

步骤一：附加填充位（bit）。在消息输入的末尾进行填充，使消息输入的长度在对512取模后所得的余数为448。填充的操作是：先补第一个位（bit）为1，然后都补0，直到长度满足对512取模后所得的余数为448。

这里需要注意的是，信息必须进行填充，即使消息输入的长度已经满足对512取模后所得的余数为448，也必须进行补位，这时要填充512位（bit）。因此，填充操作至少补一位，最多补512位。

步骤二：附加长度值。附加长度值就是将原始数据（第一步填充前的消息输入）的长度信息补到已经进行了填充操作的消息后面。SHA-256算法用一个64位的数据来表示原始消息的长度。因此，通过SHA-256算法计算的消息长度必须小于2^{64}。长度信息的编码方式为64位高字节序整数（64bit big-endian integer）。

（3）运算过程中要用到的逻辑运算。SHA-256算法中涉及的操作全部是逻辑位运算，包括如下的逻辑函数：

$Ch(x,y,z) = (x \wedge y) \oplus (\neg x \wedge z)$

$Ma(x,y,z) = (x \wedge y) \oplus (x \wedge z) \oplus (y \wedge z)$

$\sum_0(x) = S^2(x) \oplus S^{13}(x) \oplus S^{22}(x)$

$\sum_1(x) = S^6(x) \oplus S^{11}(x) \oplus S^{25}(x)$

$\sigma_0(x) = S^7(x) \oplus S^{18}(x) \oplus R^3(x)$

$\sigma_1(x) = S^{17}(x) \oplus S^{19}(x) \oplus R^{10}(x)$

上述运算中的逻辑运算符及其含义见表3-1：

表3-1 　　　　　　　　逻辑运算符及其含义（比特币SHA-256算法中涉及的）

逻辑运算符	含义
$\wedge$	按位"与"
$\neg$	按位"补"
$\oplus$	按位"异或"
S^n	循环右移n位（bit）
R^n	右移n位（bit）

（4）计算哈希值。在进行哈希计算前先将消息输入分解成512位（bit）大小的数据块，如图3-4所示。

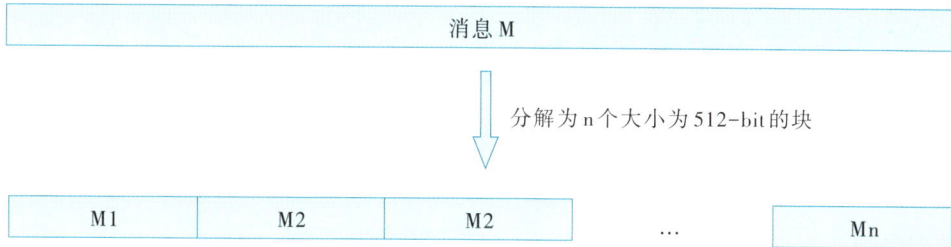

图3-4　消息分解为512位（bit）大小的数据块

假设消息输入为M，如果M可以被分解为n个块，则整个算法需要做n次迭代，n次迭代的结果就是最终的256位（bit）哈希值。

一个256位（bit）哈希值的初始值H0，经过第一个数据块进行运算，得到H1，即完成了第一次迭代。H1经过第二个数据块进行运算得到H2，……，依次处理，最后得到Hn，Hn即为最终的256位（bit）哈希值。

将每次迭代进行的映射函数用Map（H_{i-1}）＝H_i表示，迭代可以更形象地展示，如图3-5所示。

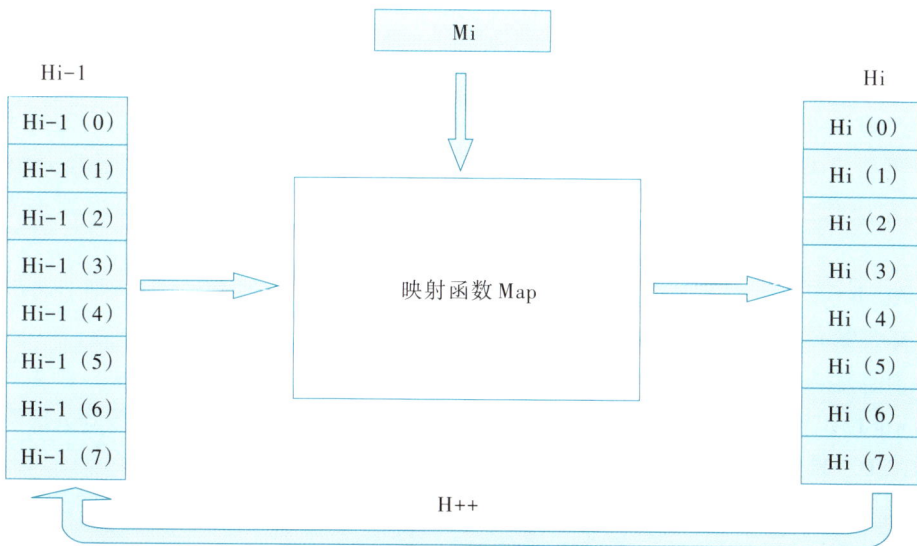

图3-5　映射函数

图 3-5 中 256-bit 的 Hi 被描述为 8 个小块，每个小块为 32 位（bit），称为"字"，是 SHA-256 算法中最小的运算单元。

下面开始正式计算：

步骤一：构造 64 个字（word）。

将每个 512-bit 的数据块分解为 16 个 32-bit 的高字节序（big-endian）字，记为 W_0，…，W_{15}。其余的 W_t（t = 16 … 63）则由如下迭代公式得到：

$$W_t = \sigma_1(W_{t-2}) + W_{t-7} + \sigma_0(W_{t-15} + W_{t-16})$$

步骤二：循环 64 次。

映射 Map（H_{i-1}）= H_i 包含了 64 次加密循环，即进行 64 次加密循环可完成一次迭代。加密循环算法如图 3-6 所示。

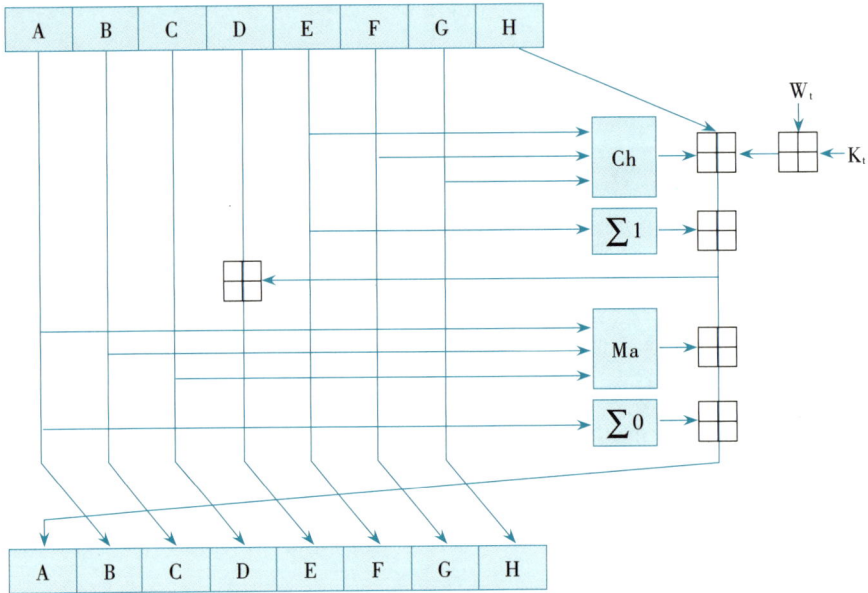

图 3-6　加密循环算法

在图 3-6 中，A、B、C、D、E、F、G、H 这 8 个字（word）按照一定的规则进行更新。其中，深蓝色方块是事先定义好的非线性逻辑函数，上文已经介绍过；田字方块代表将两个数字加在一起，如果结果大于 2^{32}，则必须除以 2^{32} 并找到余数。

A、B、C、D、E、F、G、H 的初始值分别为 $H_{i-1}(0)$、$H_{i-1}(1)$、…、$H_{i-1}(7)$。

K_t 是第 t 个密钥，对应我们上文提到的 64 个常量

消息输入被切成固定长度 512-bit 的若干个数据块，对每一个数据块，产生 64 个字（word），W_t 是一个数据块产生的第 t 个字（word）。通过重复运行循环 n 次对 A、B、C、D、E、F、G、H 这 8 个字循环加密。

最后一次循环所产生的 8 个字合起来，便是第 i 个块对应得到的哈希字符串 H_i。

至此 SHA-256 算法的运算完成。

3.3.3　Keccak算法

Keccak-256算法是用在以太坊中的哈希算法，它在SHA-3标准哈希算法的填充上做了后期的更改，因此和标准的SHA-3算法稍有区别。

Keccak-256算法是Keccak算法家族中的一员，它代表的是经过运算后输出的哈希值为256位（bit）。

Keccak算法采用了与SHA-1、SHA-2完全不同的海绵结构，如图3-7所示。

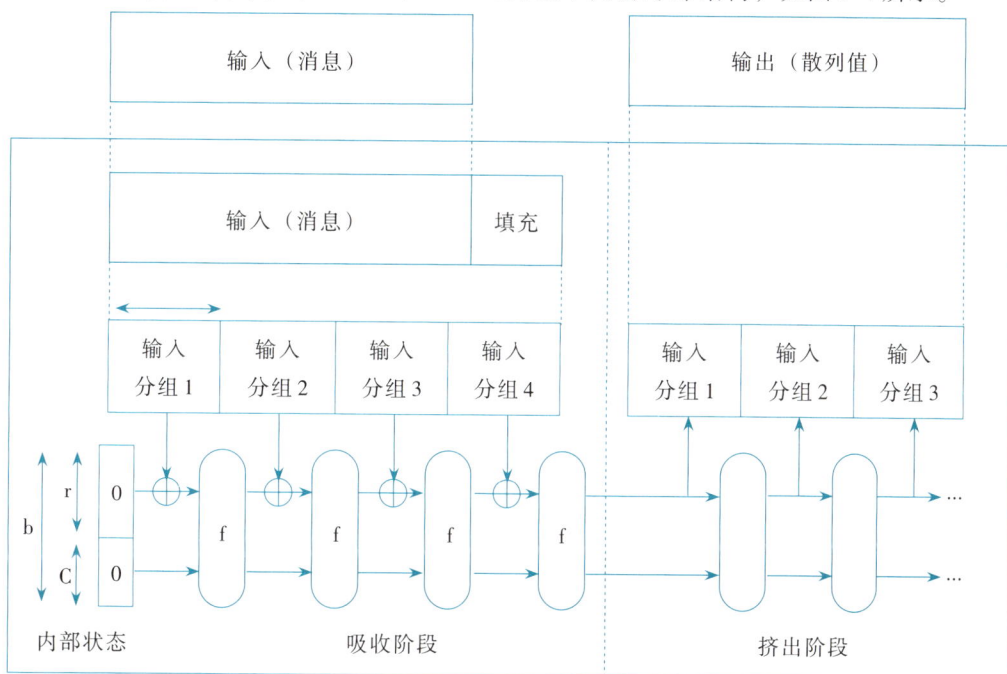

图 3-7　Keccak算法的海绵结构

在Keccak算法的海绵结构中，输入的数据在进行填充之后，要经过吸收阶段和挤出阶段，最终生成输出的哈希值。

可以将"海绵结构"这个词想象为一块海绵泡在水里先吸水，再将水挤出的情形。Keccak算法的海绵结构就是先将输入的消息吸收转换为某种内部状态，然后再将内部状态挤出成为相应的哈希值。

吸收阶段和挤出阶段的流程如下：

（1）吸收阶段。

步骤一：将经过填充的输入消息按照每r位（bit）为一组分割成若干输入分组。

步骤二：将内部状态中的r位（bit）与输入分组1进行"异或"运算，并将其结果作为上图中函数f的输入值。

步骤三：步骤二的函数f经过运算得到输出值，将输出值的r位（bit）与输入分组2进行"异或"运算，并将其结果再次作为函数f的输入值。

步骤四：反复执行上述步骤，直到所有的输入分组都参与"异或"运算。

此时吸收阶段结束接着进入挤出阶段。

在吸收阶段中函数 f 的作用是将输入的数据进行搅拌操作，并输出结果（输入和输出的长度均为 b=r+c 位），其操作对象是长度为 b=r+c 位的内部状态，内部状态的初始值为零。通过反复将输入分组的内容搅拌进来，整个输入消息就会被"吸收"到海绵结构中，每次被吸收的输入分组长度为 r 位，因此 r 被称为比特率。

通过图 3-7 可以看出，函数 f 的输入长度不是 r 位，而是 r+c 位，这意味着内部状态中有 c 个位是不受输入分组内容直接影响的（但会通过函数 f 受到间接影响）。这里的 c 被称为容量。

（2）挤出阶段。

步骤一：将函数 f 输出值中的 r 位保存为"输出分组 1"，并将整个输出值（r+c 位）再次作为函数 f 的输入。

步骤二：将函数 f 输出值中的 r 位保存为"输出分组 2"，并将整个输出值（r+c 位）再次作为函数 f 的输入。

步骤三：反复执行上面的步骤，直到获得所需长度的输出值。

无论是吸收阶段还是挤出阶段，函数 f 的运算逻辑是完全一样的，每执行一次函数 f，海绵结构的内部状态都会被搅拌一次。

实际上挤出阶段执行的是对内部状态进行搅拌，并产生输出分组（r 位）的操作，也就是以比特率 r 为单位，将海绵结构内部状态中的数据一点一点地挤出来。

在挤出阶段，内部状态 r+c 位中的容量部分 c 不会直接进入输出分组，这部分数据会通过函数 f 间接影响输出内容。因此，容量 c 的意义在于防止将输入消息中的一些特征泄露出去。

Guido Bertoni、Joan Daemen、Michaël Peeters 和 Gilles Van Assche 在 Github 上发布了一款名为 KeccakTools 的软件，可用于对 Keccak 算法家族中哈希算法的分析。该工具网址为 https://github.com/KeccakTeam/KeccakTools。

>>>>> **问题与思考**

（1）什么是哈希算法？

（2）知道哈希值和哈希算法，能够反推出唯一的输入值吗？

（3）区块链技术中常用的哈希算法有哪些？至少举两例。

（4）在 SHA-256 算法中，如果消息输入的位数刚好已经满足对 512 取模后余数是 448，这时还需要填充吗？如果要，填充多少位？

3.4 数字签名

3.4.1 数字签名概述

数字签名，又称公钥数字签名，是一种能证实数字信息或数字文档真实性的数学方式。采用这种方式，信息的发送者能产生他人无法伪造的一段数字串，这段数字串能证明信息发送自发送者而非第三方。它使用了公钥加密领域的技术来实现。一套数字签名通常定义两种互补的运算，一个用于签名，另一个用于验证。数字签名是非对称密钥加密技术与数字摘要技术的应用。

使用数字签名通常在信息正文附加一些数据，或者对信息正文进行加密变换。这种数据或变换可以让信息接收者用以确认该信息的来源和信息的完整性，并保护信息防止被人（如第三方）伪造。

经过数字签名的文件其完整性和不可否认性可以被验证。正因为如此，数字签名广泛地应用在区块链技术中，用来对交易进行签名。

通过数字签名能够实现下列功能：

（1）接收方能通过发送方的公钥确认发送方的身份。

（2）通过私钥方式签名，他人无法伪造签名。

（3）发送方通过私钥签名抵赖不了对信息的签名。

（4）签名生成的哈希值保证了数据的完整性。

（5）哈希函数保证了数据不被篡改。

使用数字签名发送信息的过程如图3-8所示。

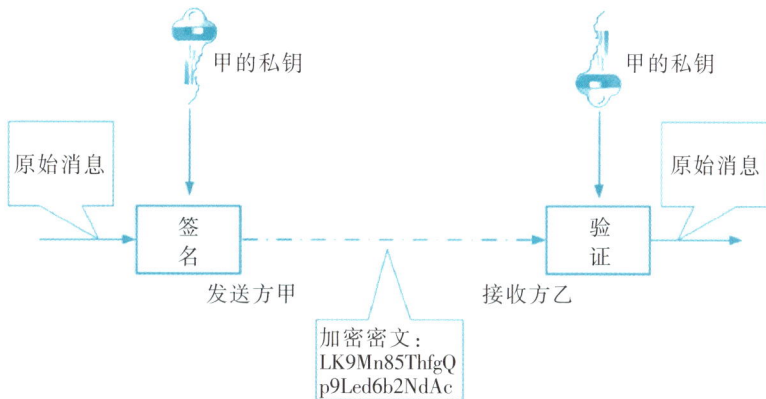

图3-8　数字签名过程

数字签名包括普通数字签名和特殊数字签名。这两种签名分别由普通数字签名算法和特殊数字签名算法产生。普通数字签名算法有 RSA、ElGamal、Fiat-Shamir、Guillou-Quisquarter、Schnorr、Ong-Schnorr-Shamir、Des/DSA，椭圆曲线数字签名算法和有限自动机数字签名算法等。特殊数字签名算法有盲签名算法、代理签名算法、群签名算法、不可否认签名算法、公平盲签名算法、门限签名算法、具有消息恢复功能的签名算法等，它与具体应用环境密切相关。

3.4.2　ECDSA数字签名技术

在众多数字签名技术中，椭圆曲线数字签名算法（ECDSA）是区块链技术中常用的数字签名算法。它是使用椭圆曲线密码（ECC）对数字签名算法（DSA）的模拟。ECDSA 于 1999 年成为 ANSI 标准，并于 2000 年成为 IEEE 标准和 NIST 标准。它在 1998 年被 ISO 所接受，并且包含它的其他一些标准也在 ISO 的考虑之中。

使用 ECDSA 的签名过程如下：

（1）选择一条椭圆曲线 Ep（a，b）和基点 G。

（2）选择私有密钥 k（k < n，n 为 G 的阶），利用基点 G 计算公开密钥 K=kG。

（3）产生一个随机整数 r（r < n），计算点 R=rG。

（4）将原数据和点 R 的坐标值 x，y 作为参数，用哈希函数 H 计算哈希值（Hash），即 Hash=H（原数据 x，y）。

（5）计算 $s \equiv r - Hash * k$（mod n）。

（6）r 和 s 做为签名值，如果 r 和 s 其中一个为 0，重新从第 3 步开始执行。

使用 ECDSA 的签名验证过程如下：

（1）接收方在收到消息（m）和签名值（r，s）后，进行以下运算。

（2）计算：sG+H（m）P=（x_1，y_1），$r_1 \equiv x_1$ mod p。

（3）验证等式：$r_1 r1 \equiv r$ mod p。

（4）如果等式成立，接受签名，否则签名无效。

3.4.3　ECDSA-secp256k1 数字签名算法

要使用 ECDSA 技术，就需要构造一个椭圆曲线，而构造一个椭圆曲线需要确定若干个参数。以太坊使用了一套叫 secp256k1 的参数确定了该椭圆的形状，因此以太坊的签名算法全称就是 ECDSA-secp256k1。

ECDSA-secp256k1 的完整定义：将 Fp 上的一条椭圆曲线描述为 T=（p，a，b，G，n，h）。其中 p，a，b 确定一条椭圆曲线（p 为质数，（mod p）运算），G 为基点，n 为点 G 的阶，h 是椭圆曲线上所有点的个数 m 与 n 相除所得商的整数部分。

p = FFFFFFFF FFFFFFFF FFFFFFFF FFFFFFFF FFFFFFFF FFFFFFFF FFFFFFFE FFFFFC2F

$= 2256 - 232 - 29 - 28 - 27 - 26 - 24 - 1$

Fp 上的曲线 E：y2 = x3+ax+b 定义如下：

a = 00000000 00000000 00000000 00000000 00000000 00000000 00000000 00000000

b = 00000000 00000000 00000000 00000000 00000000 00000000 00000000 00000007

基点 G 的压缩形式定义如下：

G=02　79BE667E　F9DCBBAC　55A06295　CE870B07　029BFCDB　2DCE28D9　59F2815B 16F81798

and in uncompressed form is:

非压缩形式定义如下：

G = 04　79BE667E　F9DCBBAC　55A06295　CE870B07　029BFCDB　2DCE28D9　59F2815B　16F81798　483ADA77　26A3C465　5DA4FBFC　0E1108A8　FD17B448　A6855419　9C47D08F　FB10D4B8

基点 G 的阶 n 定义如下：n = FFFFFFFF　FFFFFFFF　FFFFFFFF　FFFFFFFE　BAAEDCE6　AF48A03B　BFD25E8C　D0364141h = 01

在实数轴上该椭圆曲线方程为：$y^2 = x^3 + 7$。

ECDSA-secp256k1 参数构造的椭圆曲线如图 3-9 所示。

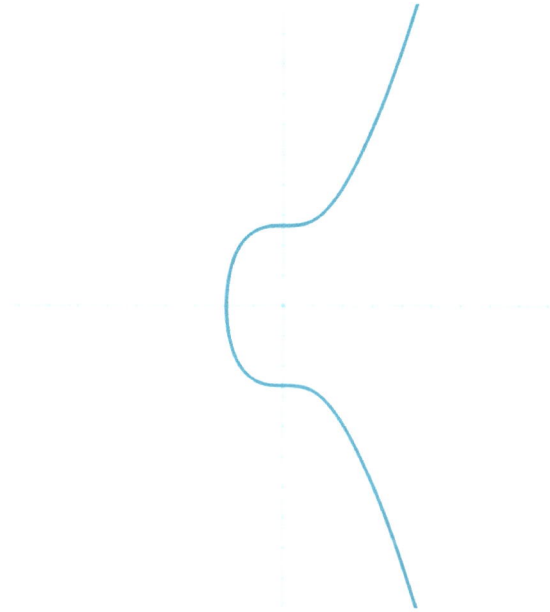

图 3-9　ECDSA-secp256k1 参数构造的椭圆曲线

>>>> **问题与思考**

甲有一对自己的公私钥，当他要对一份文件进行数字签名时，他应该用私钥还是公钥？当接收方乙收到这份文件时要验证甲的签名，他应该用自己的私钥还是甲的公钥？

第四章 共识机制及常用共识算法介绍

在前面的章节中，我们已经介绍过比特币和以太坊的共识机制。在这一节，我们将更加详细地介绍在区块链系统中常用的几种共识机制。

区块链是一种去中心化的分布式记账系统。在这个系统中，由于存在网络延迟，各个节点所观察到的事务先后顺序不可能完全一致，因此区块链系统需要设计一种机制对在一段时间内发生的事务的先后顺序进行共识。这种机制便是共识机制，实现这套机制的算法就是共识算法。

共识算法根据容错能力不同，即在考虑节点故障不响应的情况下，再考虑节点是否会伪造信息进行恶意响应，可以分为CFT（Crash Fault Tolerance）类和BFT（Byzantine Fault Tolerance）类两种共识算法。

CFT类共识算法只保证分布式系统中节点发生宕机错误时整个分布式系统的可靠性，而当系统中节点违反共识协议（如被黑客攻占、数据被恶意篡改等）时，将无法保障分布式系统的可靠性，因此CFT类共识算法主要应用在企业内部的封闭式分布式系统中，目前流行的CFT类共识算法主要有Paxos算法及其衍生的Raft算法。

采用BFT类共识算法的分布式系统，即使系统中的节点发生了任意类型的错误，只要发生错误的节点少于一定比例，整个系统的可靠性就可以保证。因此，在开放式分布式系统中，比如区块链网络，则会采用BFT类共识算法。

无论哪种共识算法，它们本质上都是要解决分布式系统中各节点如何达到一致性的问题。而对于这个问题，Leslie Lamport等学者于1982年发表的论文《拜占庭将军问题》（The Byzantine Generals Problem）则是这个领域的经典。

4.1 拜占庭将军问题

拜占庭是东罗马帝国的首都（现在位于土耳其的伊斯坦布尔），东罗马帝国的国土辽阔，为了达到防御目的，帝国的军队广布于国土各处，因此军队之间都相距很远，各个军队的将军之间只能靠信差传消息。在战争期间，各个军队的将军和副官之间必须达成一致的共识，在认为有赢的机会时才去攻打敌人的阵营。但是，军队内有可能存在叛徒和敌军的间谍，他们会干扰将军们的决定，扰乱军队的秩序。在达成共识时，有可能结果并不代表大多数将军的意见。因此，在已知有作恶分子的情况下，忠诚的将军们如何不受作恶分子的影响而达成一致的协议就成为军队通信的关键。这就是"拜占庭将军问题"的由来。

拜占庭将军问题是一个协议问题。军队中存在的作恶分子可以实施以下恶行：欺骗某些将军采取进攻行动；促成一个不是所有将军都同意的决定，比如当将军们不希望进攻时促成进攻；或者迷惑某些将军，使他们无法作出决定。如果作恶分子的恶行得逞，则任何攻击行动的结果都将注定失败，只有将军们完全达成一致才能获得成功。

拜占庭问题的最初描述是：n个将军被分隔在不同的地方，忠诚的将军们希望通过某种协议达成某个命令的一致（如一起进攻或者一起后退）。但其中一些作恶分子会通过发送错误的消息阻挠忠诚的将军们达成命令上的一致。

Lamport证明了在将军总数大于3m（背叛者为m），或者更少时，忠诚的将军可以达成命令上的一致。

为了保证上面的需求，必须满足下面两个条件：

（1）每两个忠诚的将军必须收到相同的值v（i）（是第i个将军的命令）。

（2）如果第i个将军是忠诚的，那么他发送的命令和每个忠诚将军收到的v（i）相同。

为了简化以上模型，我们使用一个将军发送命令给多个副官的形式来演绎，发送命令的将军称为发令者，接收命令的将军为副官，那么上面的两个条件可以表述为：

IC1.所有忠诚的副官遵守相同的命令。

IC2.如果发出命令的将军是忠诚的，那么所有忠诚的副官都遵守将军（发出命令的将军）的命令。

特别提示：每次发送命令的只有一个将军，将其命令发送给n-1个副官。m代表叛国者的个数，因为将军总数为n，所以副官总数为n-1个。IC2中副官遵守将军的命令，实际上是指忠诚的将军能够正确收到忠诚将军的命令消息。

将上面的问题衍生到计算机网络就变成：在一个拥有n台节点的分布式系统中，整个系统对每个请求满足如下条件：

（1）所有非拜占庭节点使用相同的输入信息，产生同样的结果。

（2）如果输入的信息正确，那么所有非拜占庭节点必须接收这个信息，并计算相应的结果。

这就是分布式系统中拜占庭将军问题的描述。

>>>> 问题与思考

在拜占庭将军问题中，忠诚的将军们希望达成的目标是什么？

4.2 共识机制的目标和评价

Leslie Lamport提出的拜占庭将军问题实质上就是要解决在一个分布式系统中，应该如何设置一种机制使得系统中的节点对事务的确认达到一致的问题。这就是共识机制要解决的问题。

因此，分布式系统中共识机制的设计有两个目标：

（1）一致性。所有诚实节点所保存的区块链前缀部分完全相同。

（2）有效性。由诚实节点发布的消息终将被所有其他诚实节点记录到自己的区块链中。

不同的区块链系统因需求不同对共识机制的要求也不同。我们通常可以从下面三个角度来评价一个共识机制的优劣：

下列描述中"n"代表系统节点数或系统规模，"c"代表系统的计算资源，"O（）"为算法复杂度函数。

（1）安全性。系统能够用 O（n）资源抵御各种攻击，如"双花""女巫攻击"等，而正常运转。

（2）扩展性。系统能处理的交易与所需的资源存在这样的关系：O（n）＞O（c）。

（3）去中心化。系统中每个节点所能获得的资源只有 O（c），即系统中每一个节点只能接触有限资源，没有节点能够垄断。

这三个定义摘自"以太坊2.0"相关文档中对区块链系统的描述。实际上，业界到目前为止对此并没有一个统一的标准，我们认为"以太坊 2.0"对此的描述最为贴切，因此选用了它。

有了对共识机制的大概了解，下面我们就分别介绍五种常用的共识机制算法，即PBFT算法、Raft算法、PoW算法、PoS算法和DPoS算法。

>>>> **问题与思考**

（1）共识机制的设计目标是什么？
（2）评价一个共识机制的三个标准是什么？

● 4.3　PBFT基础

实用拜占庭容错（Practical Byzantine Fault Tolerant，PBFT）系统是一种降低了拜占庭协议运行复杂度的系统，其复杂度从指数级别降低到多项式级别（Polynomial），使拜占庭协议在分布式系统中的应用成为可能。这种系统运行的共识机制就是PBFT共识机制，这种机制的算法就是PBFT算法。

PBFT算法是一种状态机副本复制算法，状态机在分布式系统的不同节点进行副本复制。每个状态机的副本都保存了服务的状态，同时也实现了服务的操作。将所有的副本组成的集合用大写字母 R 表示，使用0到|R|-1的整数表示每一个副本。为了描述方便，通常假设故障节点数为m个，整个服务节点数为|R|=3m+1 个，这里 m 是有可能失效的副本的最大个数。尽管可以存在多于3m+1 个副本，但更多的副本除了降低性能之外并不能提高可靠性。

PBFT算法要求共同维护一个状态，所有节点采取的行动一致。为此，需要运行三类基本协议，包括一致性协议、检查点协议和视图更换协议。我们主要关注支持系统日常运行的一致性协议。一致性协议至少包含若干个阶段：请求（Request）、序号分配（Pre-prepare）和响应（Reply）。根据协议设计的不同，可能包含相互交互

（Prepare）、序号确认（Commit）等阶段。PBFT通信模式如图4-1所示。

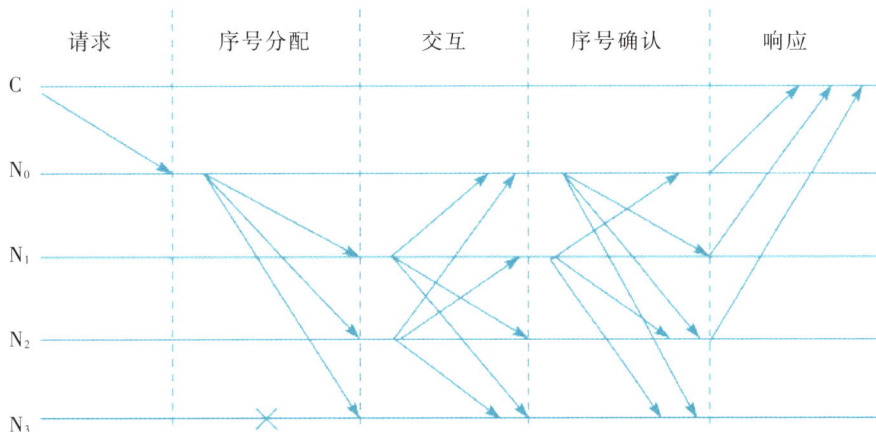

图4-1　PBFT通信模式

图4-1为PBFT协议的通信模式，每一个客户端的请求需要经过5个阶段，通过采用两次两两交互的方式在服务器达成一致之后再执行客户端的请求。由于客户端不能从服务器端获得任何服务器运行状态的信息，因此PBFT系统中主节点是否发生错误只能由服务器监测。如果服务器在一段时间内不能完成客户端的请求，则会触发视图更换协议。其中C为客户端，N_0N0～N_3N3表示服务节点，N_0N为主节点，N_3N3为故障节点。整个协议的基本过程如下：

（1）客户端发送请求，激活主节点的服务操作。

（2）当主节点接收请求后，启动三阶段的协议以向各从节点广播请求。

——序号分配阶段，主节点给请求赋值一个序列号n，广播序号分配消息和客户端的请求消息m，并将构造PRE-PREPARE消息传给各从节点；

——交互阶段，从节点接收PRE-PREPARE消息，向其他服务节点广播PRE-PARE消息；

——序号确认阶段，各节点对视图内的请求和次序进行验证后，广播COMMIT消息，执行收到的客户端的请求并给客户端以响应。

（3）客户端等待来自不同节点的响应，若有m+1个响应相同，则该响应即为运算的结果。

PBFT算法在很多场景都有应用，在区块链场景中，一般适用于对强一致性有要求的私有链和联盟链场景。例如，在IBM主导的区块链超级账本项目中，PBFT是一个可选的共识协议。在Hyperledger的Fabric项目中，共识模块被设计成可插拔的模块，支持像PBFT、Raft等共识算法。

>>>>> **问题与思考**

在PBFT系统中，假设节点总数为13个，那么不诚实节点最多可以为多少个才能保证系统正常运行？

4.4　Raft基础

在某些分布式系统的实用场景下，不需要考虑拜占庭故障，而只需要处理一般的宕机故障。在这种情况下，采用Paxos等协议会更加高效。Paxos是Leslie Lamport设计的保持分布式系统一致性的协议。但由于Paxos非常复杂，较难理解，因此后来出现了各种不同的实现和变种。Raft就是这样一种协议。

Raft是一种相对于Paxos更易理解的一致性算法，意在取代目前广为使用的Paxos算法。目前，Raft在各种主流语言中都有了一些开源实现。

Raft最初是一个用于管理复制日志的共识算法，它是一个为真实世界应用建立的协议，主要注重协议的落地性和可理解性。Raft是在非拜占庭故障下达成共识的强一致性协议。

在区块链系统中，使用Raft协议实现共识的过程可以描述如下：首先选举一个leader，接着赋予leader完全的权力管理记账。leader从客户端接收记账请求，完成记账操作，生成区块，并复制到其他记账节点。leader能够决定是否接受新的交易记录项而无需考虑其他记账节点。当leader失效或与其他节点失去联系时，系统就会选出新的leader。

在Raft中，每个节点会处于下面三种状态中的一种：

①follower：所有节点都以follower状态开始。如果没收到leader消息则会变成candidate状态。

②candidate：这种节点会向其他节点"拉选票"，如果得到大部分节点的选票则成为leader。这个过程就是Leader选举（Leader Election）。

③leader：所有对系统的修改都会先经过leader。每个修改都会写一条日志（log entry）。leader收到修改请求后会进行一系列操作，这个过程就是日志复制（Log Replication），其过程如下：

——复制日志到所有follower节点（Replicate Entry）。

——大部分节点响应时提交日志。

——通知所有follower节点日志已提交。

——所有follower节点也提交日志。

——整个系统处于一致的状态。

Raft算法分两个阶段，即Leader Election和Log Replication。

（1）Leader Election。

步骤一：任何一个节点都可以成为一个候选者（Candidate），它向其他follower节点发出要求选举自己的请求。

步骤二：其他节点同意，发出OK。注意：如果在这个过程中，有一个follower节点宕机，没有收到请求选举的要求，此时候选人可以自己选自己，只要达到N/2+1的大多数票，候选人仍然可以成为leader。

步骤三：候选者成为leader，它可以向follower节点发出指令。比如，进行记账。

步骤四：通过心跳进行记账通知。

步骤五：当这个leader崩溃时，其他follower节点中有一个成为候选者，并发出邀票选举。

步骤六：其他follower节点同意后，此候选者成为新的leader，继续承担记账等工作。

在竞选leader的过程中，有一个竞选超时的时间设置，如果follower在选举超时的时间内未收到leader的心跳消息，则转换为candidate状态。这个竞选超时的时间一般设为一个150～300ms之间的随机数。

（2）Log Replication。

步骤一：假设leader已经选出，这时客户端发出增加一个日志的请求。

步骤二：leader要求follower遵从他的指令，将这个新日志追加到它们各自的日志中。

步骤三：大多数follower将日志写入账本后，确认追加成功，发出确认成功信息。

步骤四：在下一个心跳中，leader会通知所有follower更新确认的项目。

对于每个新的日志记录，重复上述过程。

在这个过程中，若发生任何故障，使得leader不能通知大多数follower，则leader只能通知它能访问的那些follower。而大多数follower因为没有了leader，他们将重新选举一个候选者作为新的leader，然后这个新的leader作为代表与外界打交道，如果外界要求其添加新的交易记录，这个新的leader就按上述步骤通知大多数follower。当故障排除，系统恢复正常后，原先的leader就变成了follower。在失联阶段，原先的leader所发出的任何更新都不能算确认，必须全部回滚，接收新的leader的指令。

>>>>> **问题与思考**

Raft协议中的节点有哪几种状态？

● 4.5　PoW基础

PoW全称为Proof of Work，即基于工作量的证明。比特币的共识机制就是典型的PoW。这种共识机制是系统中的节点不断用随机数（nonce）和其他数据一起作为输入反复进行哈希运算，直到找出满足给定数的过程。在比特币中这个给定数被称为"难度值"。比特币的"难度值"中前导的位数都为0，前导位数中0的个数越多，代表难度越大。

PoW共识算法的过程如下：

（1）选取交易。从交易池中选取要打包进新区块的交易，生成交易列表，并通过默克尔树（Merkle Tree）算法生成交易列表的默克尔根哈希值。

（2）将默克尔根哈希值及其他相关字段组装成区块头，将区块头的字节（在比特币中是80个字节）数据作为工作量证明的输入。

（3）随机生成一个随机数，即nonce值，将该nonce值与其他数据一起做哈希运算（在比特币中做两次SHA-256哈希运算），将所得的哈希值与当前系统的难度值做对比，若小于难度值，则解题成功，工作量证明完成，否则重复本步骤直到工作量证明完成。

PoW能否解决拜占庭将军问题？

关于比特币的PoW共识算法，业界一直存在争议，质疑其能否解决拜占庭将军问题。2015年，Juan Garay对比特币的PoW共识算法进行了正式的分析，得出的结论是比特币的PoW共识算法是一种概率性拜占庭协议（Probabilistic Byzantine Agreement）。Garay对比特币共识算法的两个重要属性分析如下：

（1）一致性（Agreement）。在不诚实节点的总算力小于50%的情况下，且每轮同步区块生成的概率很小的情况下，所有诚实节点生成相同区块的概率较高。

（2）正确性（Validity）。区块链中的大多数区块必须由诚实节点提供。严格来说，只有当不诚实节点的算力非常小时，才能使大多数区块由诚实节点产生。

由此可以看出，当不诚实的节点总算力小于全网总算力的50%，且挖矿难度比较高时，在大约每10分钟出一个区块的情况下，比特币网络达到一致性的概率会随确认区块的数目增多而呈指数级增加。而当不诚实节点的算力具一定规模，甚至不用接近50%的时候，比特币的共识算法并不能保证正确性。也就是说，不能保证大多数的区块由诚实节点产生。

这也说明比特币的共识算法不适合私有链和联盟链。首先，它只是一个最终一致性的共识算法，不是一个强一致性的共识算法。其次，它的共识效率低，而提高共识效率又会牺牲共识协议的安全性。

比特币通过巧妙的矿工奖励机制来提升网络的安全性。矿工挖矿获得比特币奖励及记账所得的交易费用使得矿工更希望维护网络的正常运行，而任何破坏网络的作恶行为都会损害矿工自身的利益。因此，即使有些比特币矿池具备强大的算力，它们却都没有作恶的动机，反而更有动力维护比特币的正常运行。

>>>>> **问题与思考**

在比特币的PoW算法中，要保持系统的正确性，不诚实节点的个数不能超过系统总节点数的百分之多少？

● 4.6 PoS基础

PoS全称为Proof of Stake，即基于权益的证明。这种模式会根据节点持有数字货币的量和时间来决定获得的奖励。

点点币是最先采用 PoS 共识机制的数字货币，点点币在 SHA-256 哈希运算的难度中引入了币龄的概念，使得难度与交易输入的币龄成反比。在点点币中，币龄被定义为币的数量与币的年龄（天数）的乘积。币龄能够反映某个交易时刻节点所持有的数字货币数量。点点币的 PoS 共识机制结合了随机数与币龄的概念。在点点币系统中，如果节点持有至少 30 日未用的币就可以参与区块打包权的竞争，节点持有的币龄越大，就越有可能获得下一个区块的打包权。

当节点通过持有的币龄获得区块打包权打包区块后，所持有的币龄将清零，且必须等待至少 30 日才能重新竞争区块的打包权。同时，为防止拥有极高币龄的节点控制区块链，获得区块打包权的最大概率在 90 日后才达到最大值，并随时间逐渐生成新币而无须消耗大量的算力。

PoS 共识算法的核心在于必须采用某种方法定义区块打包权的获得。如果仅仅依据账户结余来确定区块打包权，则会导致挖矿中心化。因此，PoS 的算法设计非常灵活，没有统一标准的形式。

>>>>> 问题与思考

在一个基于 PoS 共识机制的系统中，节点 A 拥有的代币总数为 100 个，这 100 个代币的年龄为 5 天；节点 B 拥有的代币总数为 10 个，这 10 个代币的年龄为 50 天。这两个节点哪个拥有的币龄长？

◉ 4.7　DPoS 基础

DPoS 全称为 Delegated Proof of Stake，即基于代理权益的证明。这种共识算法是基于 PoS 发展而来的。

比特股（Bitshare）是较早采用 DPoS 机制的数字货币，它期望通过引入一个技术民主层来减少中心化的负面影响。

比特股的 DPoS 机制是让每一个持有比特股数字货币的人进行投票，由此产生 101 位代表，这 101 位代表可以被称为超级节点或者矿池。这 101 个超级节点彼此的权利是完全相同的。如果这 101 个超级节点不能履行它们的职责（如当轮到某个超级节点生成区块时，却没能生成区块），则它们会被除名，网络会选出新的超级节点来取代它们。

这个超级节点在比特股中被称为见证人，见证人可以生成区块。每一个持有比特股的人都可以投票选举见证人。得到同意总票数中的前 N 个（N 通常定义为 101）候选者可以当选为见证人，当选见证人的个数（N）需满足至少一半的参与投票者相信 N 已经充分地去中心化。

见证人的候选名单每个维护周期（1 天）更新一次。系统随机给见证人排序，每个见证人按序有 2 秒的权限时间生成区块，若见证人在给定的时间内不能生成区块，则该区块生成权限交给下一个时间片对应的见证人。DPoS的这种设计使得区块的生成速度大大提升。

比特股还设计了另一类竞选——代表竞选。选出的代表拥有提出改变网络参数的权利，包括交易费用、区块大小、见证人费用等。若大多数代表同意所提出的改变，持股人有两周的审查期，这期间可以罢免代表并废止所提出的改变。这一设计确保代表在技术上没有直接修改参数的权利，以及所有的网络参数的改变最终需要得到持股人的同意。

>>>> **问题与思考**

在DPoS中，拥有区块打包权的节点是如何确定的？

▶ 第五章 智能合约基础

在前面的章节中，我们大概介绍了以太坊智能合约。在本章我们将详细介绍智能合约的概念、发展及以太坊智能合约的编写、编译、调试及部署。

◉ 5.1 智能合约简介

前面我们简要介绍过智能合约的概念，具体可参见"2.2.1.11智能合约"。

智能合约与我们在日常生活中接触的法律意义上的合约有着显著的不同。人们往往会对两者产生混淆和困惑，尤其对智能合约会产生困惑。这主要是源于它的名字，通常人们听到"合约"就会自然而然地联想到它一定与法律概念中的合约有某种联系，然后会认为这种合约是一种有法律约束力的协定，再加上某种因素使它变得"智能"。

实际上这种理解是不准确的。因为智能合约参与方所拟定的这个合约不一定是满足合法条件所规定的"合约"，甚至有可能是非法的"合约"。由于我们生活在一个法治社会，因此所有的行为包括"智能合约"都必须被归类为与法律相关的行为。可以用图5-1来表示智能合约与法律合约的关系。

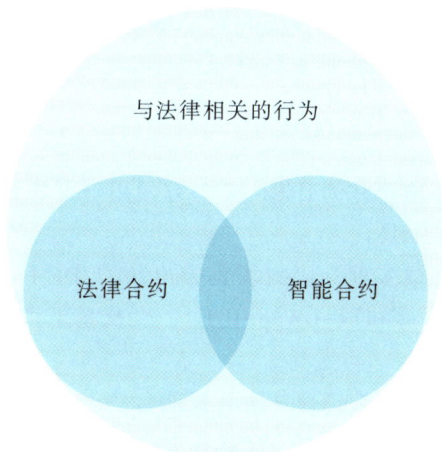

图5-1 智能合约与法律合约的关系

>>>> **问题与思考**

智能合约一定符合现实社会中的法律规定吗？

5.2 以太坊智能合约基础

由于智能合约必须是由计算机或计算系统执行，因此当我们具体讨论智能合约的编写、运行等技术实现时必须指定智能合约所依赖的运行环境。在本节中，我们所讨论的智能合约的编写、运行等都是特指以太坊中的智能合约。

以太坊的智能合约可以理解为代码和数据的结合，存在于以太坊区块链的合约账户中。智能合约在编写完成后，要经过编译，变成以太坊虚拟机（EVM）能识别的字节码（bytecode），然后字节码在以太坊虚拟机上被执行。

5.2.1 以太坊智能合约的语言

以太坊中智能合约可以用多种语言进行编写。常见的有Solidity、Serpent、LLL和Mutan等语言。其中，Mutan语言已经不再维护，不建议继续使用。

在Solidity、Serpent和LLL中，Solidity是最流行的，也是目前使用最广的，其详细信息可参看此网址http：//solidity.readthedocs.io/en/latest/。Solidity是一种类似JavaScript的语言，由以太坊的联合创始人Gavin Wood博士发明。

5.2.2 以太坊智能合约的结构

一般来说，用Solidity编写的智能合约都有自己的通用结构。这个合约就像其他面向对象编程语言中的一个类（Class），其中包含状态变量（State Variable）、函数（Function）、函数修饰器（Function Modifier）、事件（Event）、结构（Structure）和枚举（Enum）等。合约也像类一样，支持继承、接口、多态等。

5.2.3 智能合约的集成开发环境（IDE）

智能合约集成开发环境简称为IDE，是为方便用户开发智能合约，由以太坊官方或第三方公司发布的开发工具。

目前市面上的IDE有很多种。以太坊官方出品的IDE有Mix IDE（https：//github.com/ethereum/wiki/wiki/Mix：-The-DApp-IDE），以及基于浏览器的IDE Remix Solidity（http：//remix.ethereum.org）。

Remix可以让用户直接在浏览器中编写智能合约。当用户在IDE中编写好智能合约后可以用以太坊的开发框架Truffle给它添加界面，并直接打包成去中心化应用DAPP。

>>>> 问题与思考

（1）以太坊目前较常用的智能合约语言是哪个？

（2）列举一个常用的以太坊智能合约编程IDE。

5.3 使用IDE Remix编写及调试以太坊智能合约

5.3.1 在IDE Remix中编写智能合约

在本节，我们使用浏览器IDE Remix来编写智能合约。具体步骤如下：

第一步：打开IDE Remix。打开任何一个浏览器（比如google chrome），在浏览器地址栏输入：http：//remix.ethereum.org，然后回车，会看到如图5-2所示的界面。

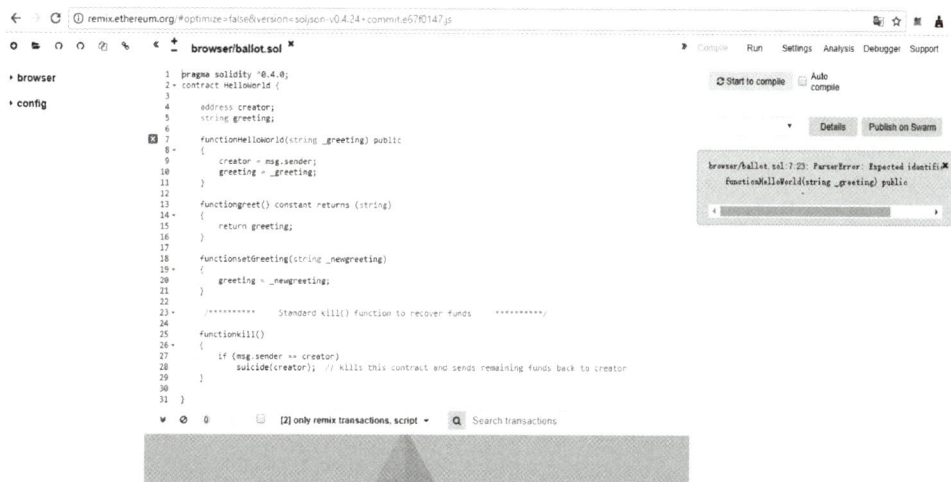

图5-2 Remix编辑器界面

在这个页面我们会看到一个缺省已经写好的智能合约。为了让读者快速上手，我们编写一个更简单的合约。

第二步：编写自己的合约。将下面一段代码输入到Remix的窗体。

```
pragma solidity ^0.4.0；
contract StoreData {
    uint storedData；
    function setData（uint inputData）{
        storedData = inputData；
    }
    function getData（）public constant returns（uint retVal）{
        return storedData；
    }
```

这是个功能非常简单的智能合约，是往合约中存入或读取一个数值。在Remix主窗体输入合约后所见如图5-3所示。

第三步：编译智能合约。首先点击页面右上角"Compile"，然后再点击"Start to compile"开始编译该智能合约，如图5-4所示。

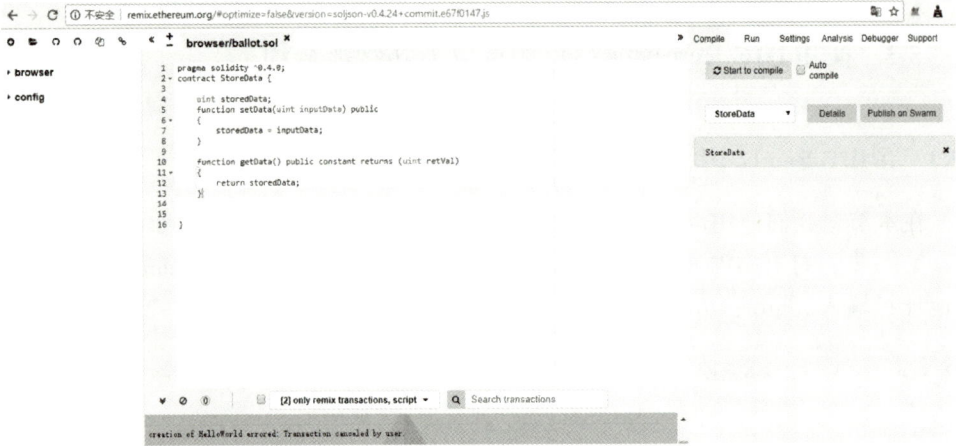

图 5-3　在 Remix 编辑器界面输入合约

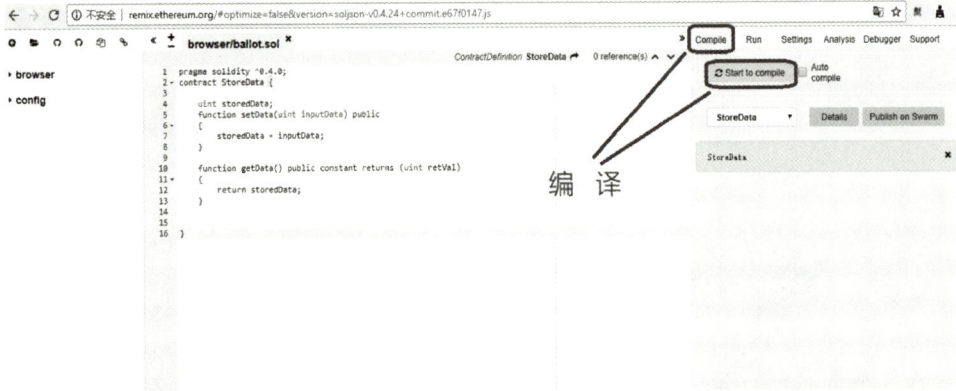

图 5-4　Remix 编辑器的编译选项

5.3.2　在 IDE Remix 中调试智能合约

如果智能合约编译完后有警告信息或错误信息，会看到如图 5-5 所示的界面。

图 5-5　Remix 的编译警告信息

这里的编译警告信息提示我们SetData函数没有定义可见性，并在函数名所在的第五行显示了黄色标记。针对这个警告信息，我们在该函数后加上可见性定义符"public"，即把第五行"function setData（uint inputData）"改成"function setData（uint inputData）public"，然后再编译。这次编译完后系统不再显示任何警告或错误信息，合约编译成功，系统显示合约名。所见界面如图5-6所示。

图5-6 编译成功

问题与思考

请试着操作编译一个简单的智能合约。

● 5.4 以太坊智能合约的部署与执行

智能合约编译成功后，我们可以将它部署在以太坊主网上。但由于智能合约的特殊性，一旦其部署到以太坊主网，将无法再修改，为了避免这个问题，通常我们将合约部署到以太坊主网之前，要先进行本地测试。在本节我们使用几种方式做测试。

5.4.1 本地部署和执行智能合约

5.4.1.1 在本地部署智能合约

在Remix主页面，我们点击"Run"，进入另一个界面，会看能达到"Deploy"按钮，如图5-7所示。

我们做测试，在"Environment"栏选择"JavaScript VM"，然后在"Account"栏选"0xca3…"，再点击"Deploy"将看到如图5-8所示的界面。

点击上图中所标示的展开按钮会看到合约中定义为"public"的两个函数"setData"和"getData"，如图5-9所示。

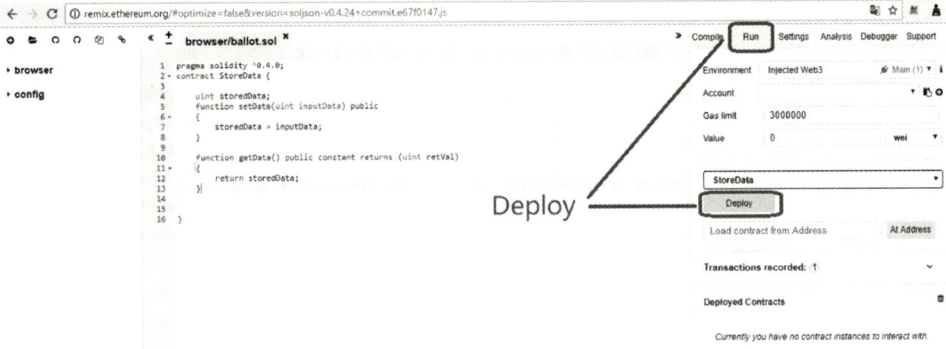

图 5-7　Remix 的 Deploy 和 Run 选项

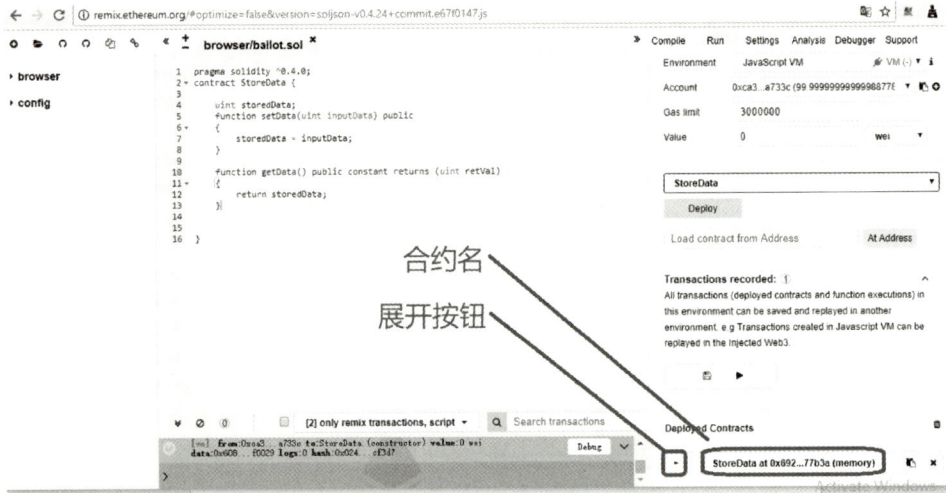

图 5-8　Remix 中的展开信息

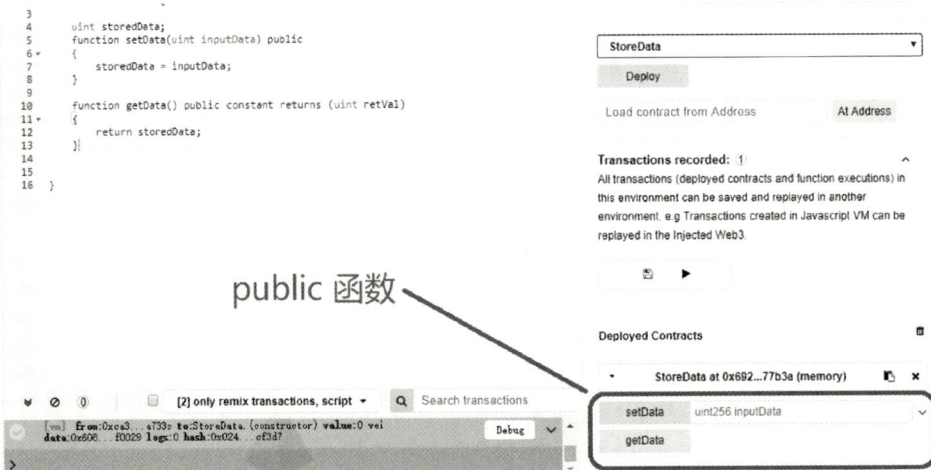

图 5-9　Remix 中显示函数名

此时，这个合约已经在我们的测试环境中部署好了。实际上在以太坊上部署一个合约就是一笔交易，我们在窗口底下点击"Debug"右边的下拉箭头可看到详细信息，下拉箭头的位置如图 5-10 所示。

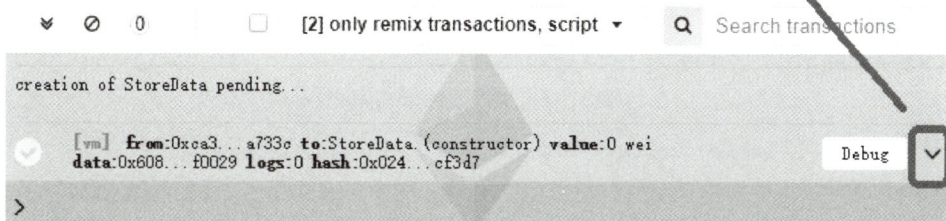

图 5-10 Remix 中显示详细信息

点击该箭头可看到交易的详细信息，如图 5-11 所示。

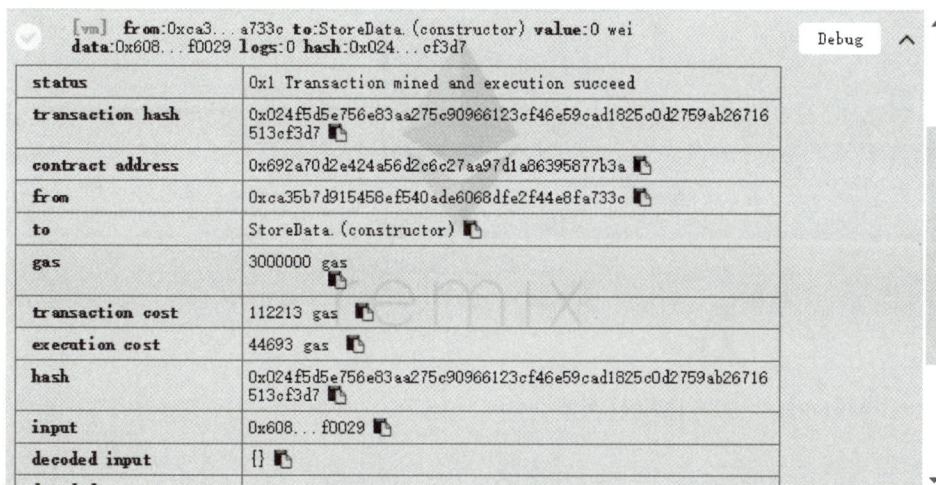

图 5-11 交易详细信息

5.4.1.2 在本地执行智能合约

我们成功在本地部署了智能合约后，下一步就要来运行测试智能合约。

首先我们检查"Account"。继续选择我们部署合约时用到的账户"0xca3…"。然后把鼠标移到页面右下角"getData"，点击该函数，执行成功我们会看到"0：uint256：retVal 0"，如图 5-12 所示。

这个结果表示函数"getData"执行成功，即合约执行成功，返回目前合约内存储的值为"0"。

下一步我们来检查函数"setData"是否能执行成功。我们把鼠标移到"setData"右边的空格，输入数字"10"，点击函数"setData"，然后再点击函数"getData"，如果执行成功，会看到"0：uint256：retVal 10"，如图 5-13 所示。

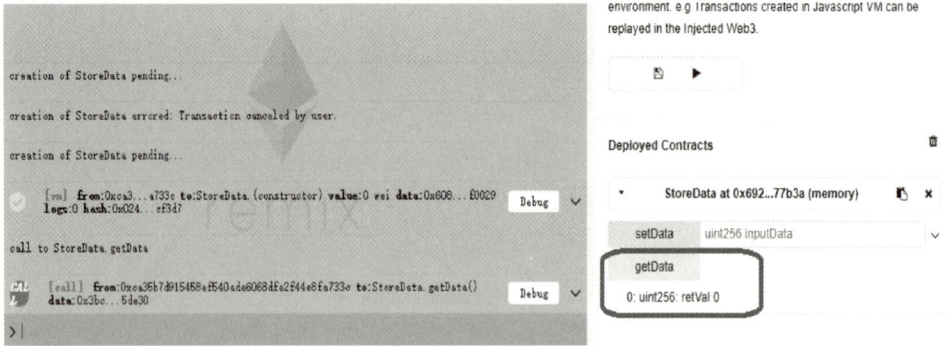

图 5-12　执行函数 getData

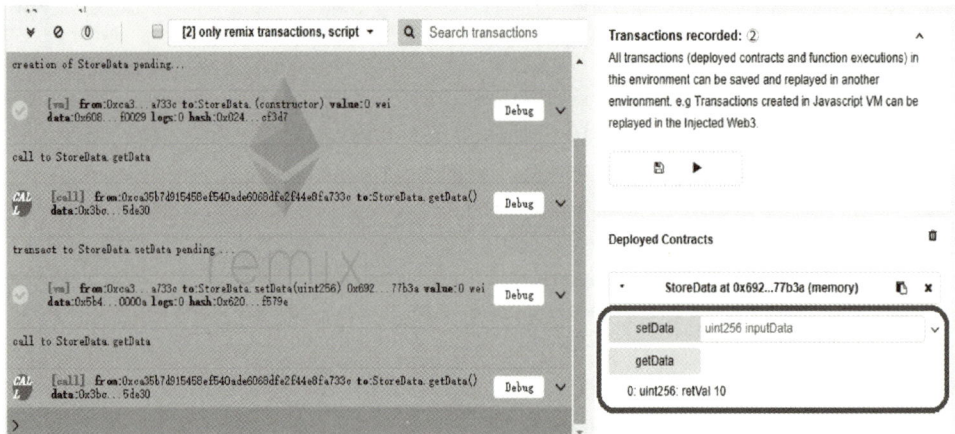

图 5-13　执行函数 setData

这证明我们刚刚输入的值"10"被成功写入合约并且被成功读出。至此我们的合约已经成功进行了本地测试。

5.4.2　在 MetaMask 部署和执行智能合约

刚刚我们在本地进行了测试，在本节，我们介绍更进一步，介绍在以太坊测试网上进行测试。我们要用到以太坊的钱包——客户端 MetaMask。

5.4.2.1　安装 MetaMask

MetaMask 是浏览器端的以太坊钱包，可以连接以太坊测试网和主网。用户可自行在搜索引擎中搜索 MetaMask 插件并安装。目前，MetaMask 支持谷歌的 Chrome 浏览器，火狐的 Firefox 浏览器和 Opera 浏览器。

安装好 MetaMask 后，其界面如图 5-14 所示。

5.4.2.2　选择以太坊测试网

在 MetaMask 上输入密码进入 MetaMask，找到左上角的"Main Network"，如图 5-15 所示。

点击"Main Network"右边下拉箭头选择测试网，如图 5-16 所示。

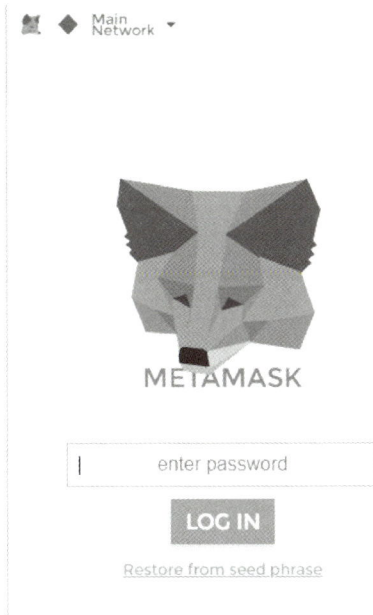

图 5-14　MetaMask 界面

图 5-15　MetaMask 的 Main Network 显示

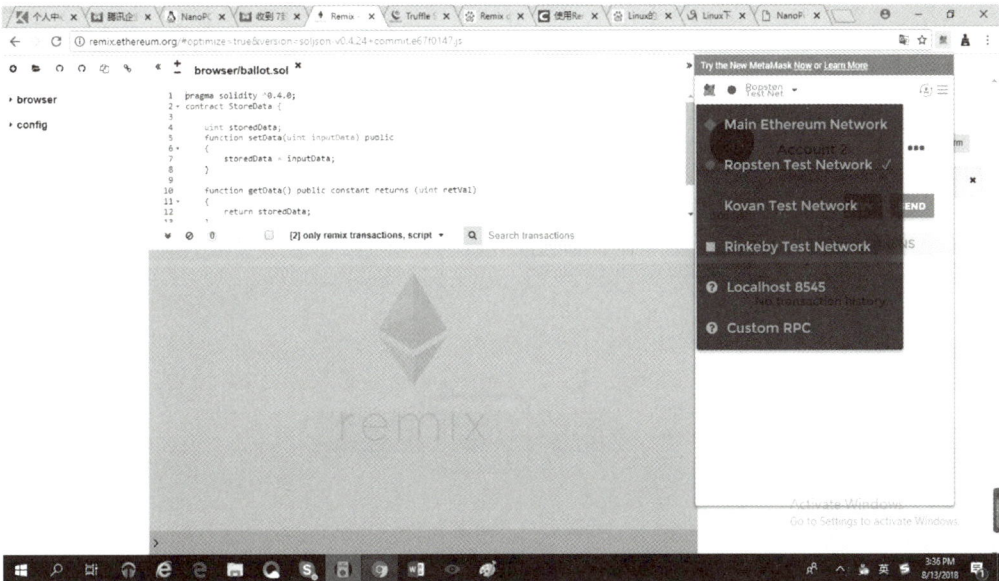

图 5-16　MetaMask 的网络选项

选择"Ropsten Test Network", Remix 页面会弹出对话框询问是否要重新加载,选择"是"让页面重新加载。此时我们再回到 Remix 页面,点击"Run"会在"Account"一栏看到 MetaMask 的钱包地址被自动填进了"Account",同时"Environment"这一栏被自动设置成了"Injected Web3"。

5.4.2.3 部署智能合约

我们在 Remix 的"Run"页面点击"Deploy"会弹出 MetaMask 窗口,如图 5-17 所示。

在 MetaMask 的窗体上点击"SUBMIT"(如图 5-18 所示)就可以将智能合约部署在以太坊测试网上了。

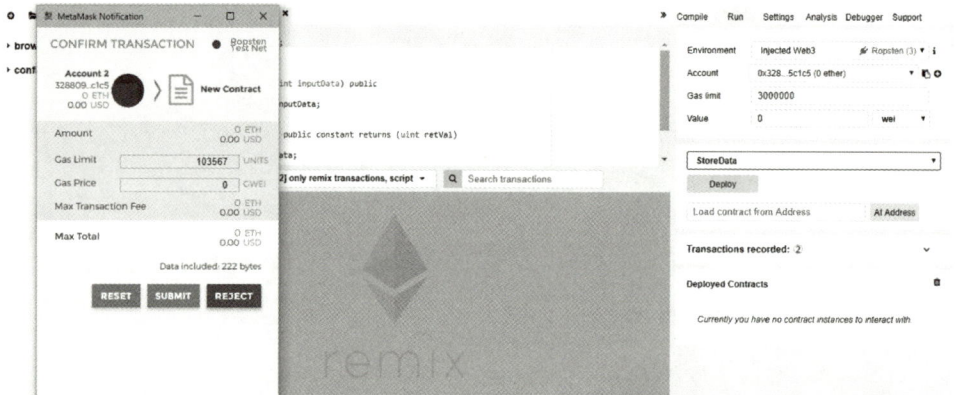

图 5-17 在 MetaMask 上部署合约

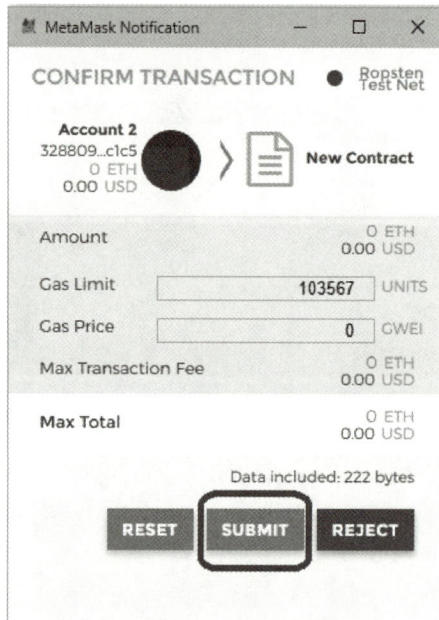

图 5-18 在 MetaMask 上提交

稍等片刻,若部署成功将会看到成功部署的界面。

5.4.2.4 执行智能合约

职能合约部署成功后，其执行的步骤和前面章节在本地部署后执行是一样的。在此不再赘述。

5.4.3 在以太坊主网部署和执行智能合约

下面把我们的智能合约部署到以太坊主网上进行测试。在运行下列步骤前，请确保您的MetaMask钱包中有足够的以太币。

5.4.3.1 选择以太坊主网

在MetaMask上输入密码进入MetaMask。找到左上角"Main Network"，如图5-19所示。

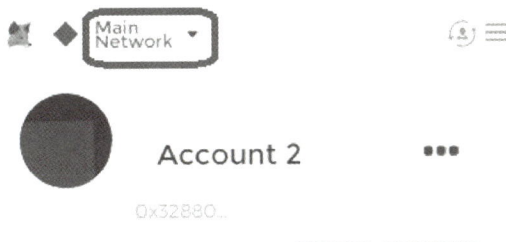

图 5-19　MetaMask上的Main Network选项

点击"Main Network"右边下拉箭头选择"Main Ethereum Network"，如图5-20所示。

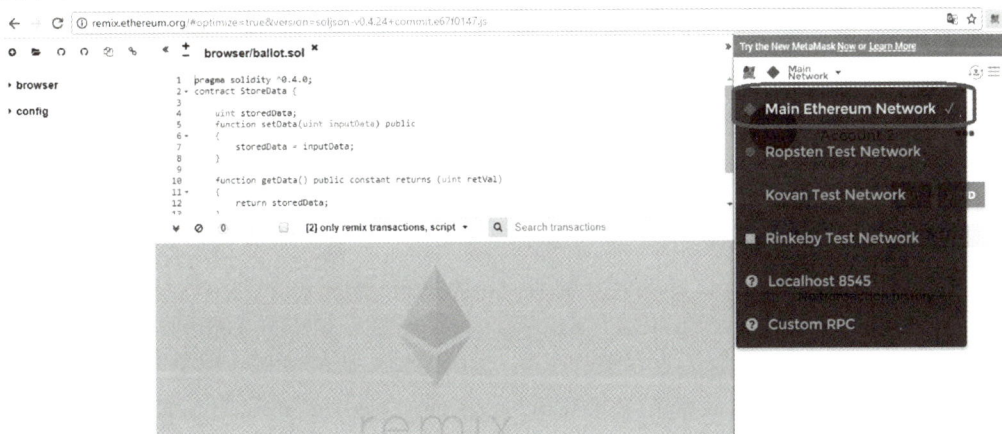

图 5-20　在MetaMask上选择Main Network

选择"Main Ethereum Network"后，Remix页面会弹出对话框询问是否要重新加载，选择"是"让页面重新加载。此时我们再回到Remix页面，点击"Run"会在"Account"一栏看到我们MetaMask的钱包地址被自动填进了"Account"，同时"Environment"这一栏被自动设置成了"Injected Web3"。

5.4.3.2 部署智能合约

我们在Remix的"Run"页面点击"Deploy"会弹出确认窗口，如图5-21所示。

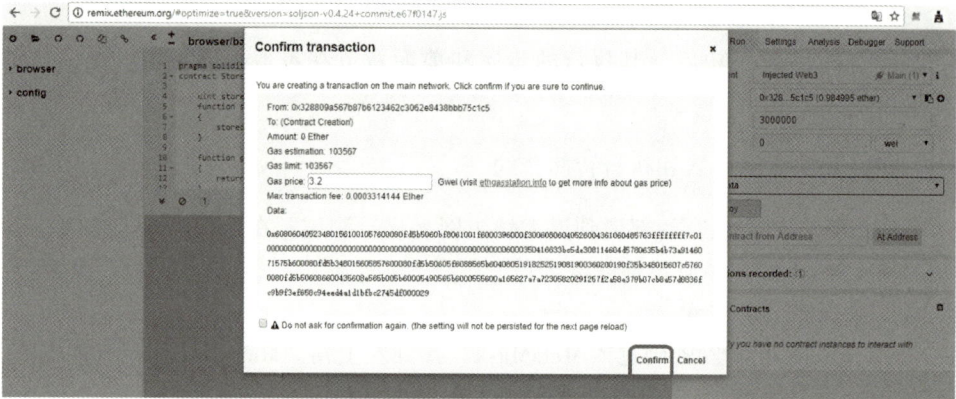

图 5-21　在 MetaMask 上确认

该窗口提示用户，即将在以太坊主网上部署智能合约，这将花掉用户的一部分以太币。我们点击图 5-21 中红框标注的"Confirm"确认要部署，然后出现如图 5-22 所示的窗口。

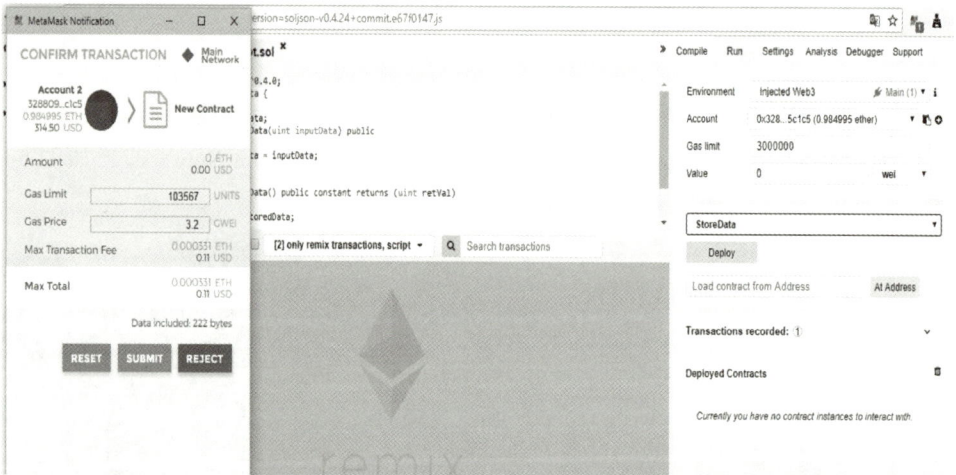

图 5-22　MetaMask 上的确认窗口

请注意：在 MetaMask 弹出窗口的"Max Total"这一栏中我们将看到部署此合约要花费大概 0.11 美元。我们点击窗体上的"SUBMIT"就可以将智能合约真正部署在以太坊主网上了。同时我们在 MetaMask 中可以看到该合约的部署信息，如图 5-23 所示。

稍等片刻，若部署成功将会看到如图 5-24 所示界面。此界面和测试版有个显著的不同，在图 5-24 中我们标注了以太坊浏览器信息，可以点击该链接打开浏览器页面查看该部署交易的详细信息。

5.4.3.3　执行智能合约

执行该智能合约和前述在本地测试执行智能合约的方法与步骤一样，在此，我们不再赘述。

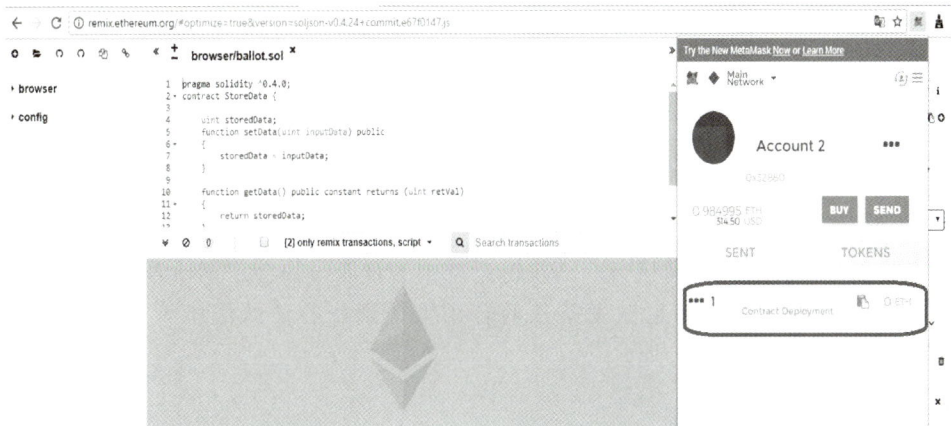

图 5-23　通过 MetaMask 在主网部署合约

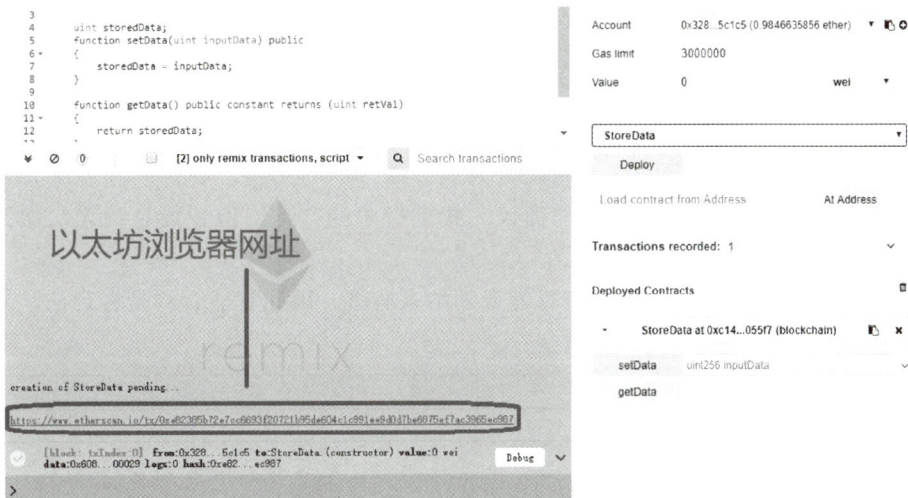

图 5-24　以太坊浏览器信息

>>>> **问题与思考**

请试着用 MetaMask 在以太坊测试网（Ropsten Test Network）上部署并执行一个智能合约。

5.5　智能合约的运行原理及面临的问题

5.5.1　智能合约的基本原理

我们用一个简单实例描述了智能合约编写、部署和执行的全过程。本节我们总结一下智能合约的基本原理及核心步骤。简而言之，其核心内容如下：

第一步：个人或多方用户共同参与制定一份智能合约。这一步主要是指个人或多个用户根据共同的需求，拟定责任和义务，共同商定一份承诺，以计算机语言编写一套可执行的代码。

第二步：合约通过区块链点对点网络广播并存入区块链。这一步主要是指当这份合约编写好，并且编译成功后，会广播到全网，使全网每一个节点都保存一份该合约的副本，等待新一轮共识，触发合约的执行及处理，有效的合约将最终写入区块链中。

第三步：智能合约自动执行。区块链系统中的智能合约会定期检查其状态、事物及触发条件。系统会将满足触发条件的合约推送到待验证队伍中等待共识并执行合约。

5.5.2 智能合约面临的问题

智能合约最大的创新性在于其不依赖第三方机构的情况下由计算系统强制执行并且无法篡改和撤销，这对传统司法体系是个巨大的创新。但这些创新性同时也带来了若干问题，主要有以下方面：

（1）由于智能合约无法篡改，导致合约一旦发布，无论其是否完备周全都将无法撤销。合约是由人拟定的，因此没有人能保证合约的完美。在传统环境中，合约的多方碰到意外情况可以酌情共同商议，找到折中的方案，但智能合约无法做到这一点。

（2）目前各国司法界还没有将智能合约纳入监管，因此智能合约是否合法，其执行是否具有法律效力在司法界尚属空白。

>>>>> 问题与思考

（1）智能合约部署到以太坊上后，如发现问题，能否将已部署的合约撤下？
（2）智能合约目前是否受法律监管？

5.6 智能合约与传统IT系统的本质区别

智能合约是区块链技术自诞生以来最重要的发明之一。虽然智能合约是由计算机编程语言编写并且也运行在计算系统中，但它和我们现有的IT系统有根本的区别，主要表现在以下方面：

（1）智能合约部署在去中心化的区块链中，不受任何第三方机构或组织管控。传统的IT系统无论是单机版部署在某台或多台服务器上还是部署在云端，实际上都是部署在第三方机构或公司的系统中，受第三方机构或公司管控。

有些读者可能会混淆部署在区块链上的智能合约和部署在分布式系统中的云端IT系统。表面上看智能合约是部署在区块链网络中的多台电脑上，云端IT系统也是部署在分布式系统中的多台电脑上，两者很相似，但两者实际上有着本质的区别。区块链所部署的多台电脑不属于任何第三方机构管控而是分别属于个体独立运作，而云端IT系统（比如阿里云、百度云等）无论是部署在多少台电脑上都统一属于某个机构或公司（比如阿里巴巴集团、百度集团等）管控，因此这些云端IT系统的管控方对其系统的运行和管控有绝对控制权。

（2）智能合约是运行在去中心化的区块链系统上的一段计算机可执行代码，这段代码一旦发布将不可篡改、不可撤销。传统的计算机代码部署在中心化的计算系统中，可由管控机构随时修改甚至撤销。

（3）任何人（只要他有足够的的数字货币余额支付部署合约的费用）都可以不受限制地在公有区块链（比如以太坊）上部署自己的智能合约，并且任何人（只要他有足够的的数字货币余额支付调用合约的费用）都可以调用公有区块链（比如以太坊）上的智能合约。传统IT系统要部署或调用都是部署在机构或公司中，因此必须获得该机构或公司的授权，否则无法操作。

>>>>　问题与思考

（1）在以太坊上部署智能合约需要授权吗？

（2）阿里巴巴运营的一套分布式系统中有多个节点，这些节点组成的分布式系统是去中心化的区块链系统吗？

5.7　智能合约如何与其他IT系统交互

我们在本节将介绍智能合约与其他IT系统的交互，这里的智能合约同样特指以太坊上的智能合约。

5.7.1　通过JSON-RPC接口调用智能合约

JSON-RPC是基于JSON的跨语言远程调用协议。在以太坊中每一个节点都提供了一个对JSON-RPC的支持。用户可以通过JSON-RPC来和以太坊智能合约进行交互。

在使用JSON-RPC界面和智能合约进行交互时操作相当烦琐而且容易出错，在这里对此种方式不作过多介绍，我们将详细介绍下面的通过Web3.js和智能合约交互的过程。

5.7.2　通过Web3.js接口调用智能合约

Web3.js是JavaScript的库，提供了用于和以太坊节点geth通信的JavaScript API，在它内部实际还是使用的JSON-RPC与geth通信。

Web3.js是以太坊官方的JavaScript API，可以帮助智能合约开发者使用HTTP或者IPC与本地或者远程的以太坊节点进行交互。实际上就是一个库的集合，主要包括下面几个库：

（1）web3-eth用来与以太坊区块链和智能合约交互。

（2）web3-shh 用来控制 whisper 协议与 p2p 通信及广播。

（3）web3-bzz 用来与 swarm 协议交互。

（4）web3-utils 包含了一些 DAPP 开发会用到的功能。

Web3 与 geth 通信使用的是 JSON-RPC，这是一种轻量级的 RPC（Remote Procedure Call）协议，整个通信的模型可以抽象为如图 5-25 所示的图。

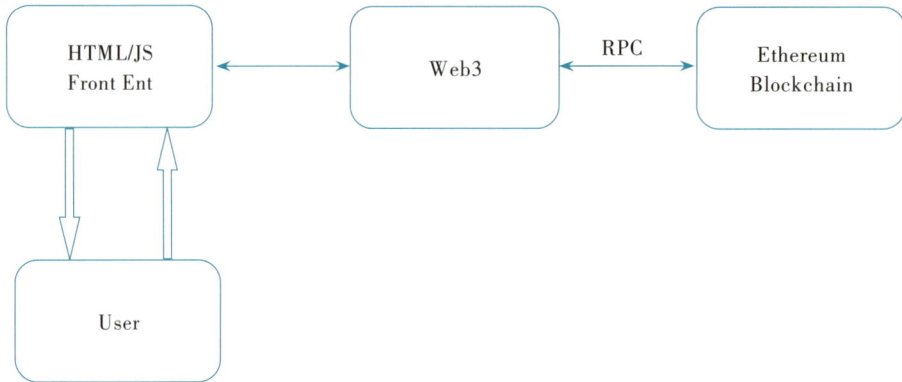

```
┌──────────┐          ┌──────────┐   RPC   ┌──────────┐
│ HTML/JS  │◄────────►│   Web3   │◄───────►│ Ethereum │
│ Front Ent│          │          │         │Blockchain│
└──────────┘          └──────────┘         └──────────┘
     ▲ │
     │ ▼
┌──────────┐
│   User   │
└──────────┘
```

图 5-25 JSON-RPC 的通信模型

下面我们介绍一些 web3 和智能合约的交互。

第一步：搭建测试链。在这里我们选择 testrpc。testrpc 会默认创建 10 个账户，监听地址是 localhost：8545。

第二步：创建智能合约。我们使用智能合约开发环境 Remix，进入 Remix 的网站，在合约编辑页面编写如下代码：

```solidity
pragma solidity ^0.4.0;
contract StoreData {
    uint storedData;
    function setData（uint inputData）public {
        storedData = inputData;
    }
function getData（）public constant returns （uint retVal）{
        return storedData;
    }
}
```

代码很简单，就是给 storeData 变量赋值与读取，接下来切换到 run 的 tab 下，将 Environment 切换成 Web3 Provider，并输入我们的测试链的地址 http：//localhost：8545。Environment 下有 3 个选项，其含义分别如下：

——JavaScript VM：简单的 JavaScript 虚拟机环境，练习智能合约编写的时候可以选择。

——Injected Web3：连接到嵌入到页面的 Web3，比如连接到 MetaMask。

——Web3 Provider：连接到自定义的节点，如私有的测试网络。

如果连接成功，那么在下面的 Account 选项会默认选择 testrpc 创建的第一个账户地址，然后在 Remix 的 run 页面点击 Create 按钮就会把这个合约部署到测试网中。Remix 的页面不要关闭，我们后面会继续用到。

第三步：安装 Web3。

在这之前，先在终端创建我们的项目，运行下列命令：

mkdir info

cd info

接下来使用 node.js 的包管理工具 npm 初始化项目，创建 package.json 文件，其中保存了项目需要的相关依赖环境。

npm init

一路按回车，不用输入任何信息直到项目创建完成，会在 info 目录下创建一个 package.json 文件。最后，运行下面命令安装 web.js：

npm install web3

注意：web3 在安装的过程中有些文件没有自动安装，因此我们要在 https：//codeload.github.com/ethereum/web3.js/zip/develop 这里下载 web3.js-develop.zip 文件，解压缩后将整个 dist 目录拷到 ./node_modules/web3 路径下。

第四步：创建交互界面 UI。

在项目目录下创建 index.html，在这里我们将创建基础的 UI，包括 storeData 的输入框，以及一个按钮，这些将通过 jQuery 实现。

注意：在界面中关于 jquery 的引用在编写本节时，其最新版本为 v3.3.1：https：//code.jquery.com/jquery-3.3.1.slim.min.js。用户一定要根据实际情况查看写代码时 jquery 的最新版本，以最新版本为准。

接下来编写 main.css 文件设定基本的样式。

关于 index.html 以及 main.css 的编写属于界面设计与本节关系不大，故在此省略，读者可参考网上示例编写。这里特别要注意的是 UI 创建好之后，在 index.html 页面源代码的 <script></script> 标签中间编写 web3.js 的代码与智能合约交互。首先创建 web3 实例，并与我们的测试环境连接，具体代码如下：

```
<script>
  Web3 = require（'web3'）;
  if （typeof web3 !== 'undefined'）{
    web3 = new Web3（web3.currentProvider）;
  } else {
    // set the provider you want from Web3.providers
    web3 = new Web3（new Web3.providers.HttpProvider（"http：//localhost：8545"））;
  }
```

```
</script>
```

在上面代码的基础上，接下来设置默认的以太坊账户：

web3.eth.defaultAccount = web3.eth.accounts［0］；

我们也可以直接把 Remix 的 run 页面的 account 账户地址写进来使用，下例中地址即为编写本节时，本例在 Remix 中的账户地址：

web3.eth.defaultAccount = '0xcf810d28d3f54d8e68b3089552888f498046b1f8'；

我们使用 testrpc 已经创建了 10 个账户了，这里我们选择第一个账户当作默认账户。

接下来给 web3 指定我们的合约，这里需要合约的 ABI。ABI 可以使我们调用合约的函数，并且从合约中获取数据。

重新回到打开的 Remix 页面，在 Compile 的 tab 下点击 Details 出现的页面中我们可以拷贝合约的 ABI，如图 5-26 所示。

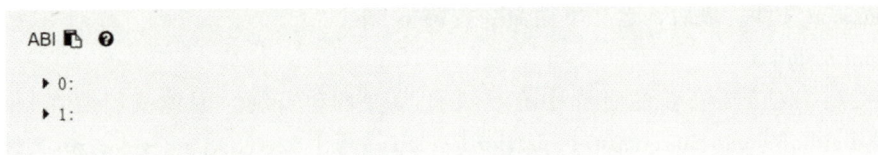

图 5-26　ABI信息

将其 ABI 编码复制到下例代码中的 "PASTE ABI HERE!"：

var infoContract = web3.eth.contract（PASTE ABI HERE!）；

我们这个例子的 ABI 编码为：

```
[
    {
        "constant": true,
        "inputs": [],
        "name": "getData",
        "outputs": [
            {
                "name": "",
                "type": "uint256"
            }
        ],
        "payable": false,
        "stateMutability": "view",
        "type": "function"
    },
    {
        "constant": false,
```

```
            "inputs": [
                {
                    "name": "_data",
                    "type": "uint256"
                }
            ],
            "name": "setData",
            "outputs": [],
            "payable": false,
            "stateMutability": "nonpayable",
            "type": "function"
        }
    ]
```

接下来转到 run 的页面，拷贝合约的地址，将其复制到下面的代码中的"PASTE CONTRACT ADDRESS HERE"：

var info = infoContract.at（'PASTE CONTRACT ADDRESS HERE'）；

此例中我们得到的地址为：0x85049d5ec4279b5bf90b3521a8181cd604ae84f6

接下来我们就可以在 script 脚本中调用 info.setData（）和 info.getData（）。

以上的代码就实现了对合约中两个函数的调用，读取和显示 storeData 变量。

到此我们就完成了 web3.js 与智能合约的连接。至此，我们在 index.html 中的 <script></script>加入的完整代码为：

if（typeof web3 !=='undefined'）{

　　web3 = new Web3（web3.currentProvider）；

} else {

　　web3 = new Web3（new Web3. providers. HttpProvider（"http：//localhost：8545"））；

}

web3.eth.defaultAccount = '0xcf810d28d3f54d8e68b3089552888f498046b1f8'；

var mycontractContract = web3. eth. contract（[{"constant": true, "inputs": []，"name": "getData", "outputs": [{"name": "", "type": "uint256"}], "payable": false, "stateMutability": "view", "type": "function"}, {"constant": false, "inputs": [{"name": "_data", "type": "uint256"}], "name": "setData", "outputs": []，"payable": false, "stateMutability": "nonpayable", "type": "function"}]）；

var info = infoContract.at（'0x85049d5ec4279b5bf90b3521a8181cd604ae84f6'）；

后续读者可自行调用 info.setData（）和 info.getData（）。

注意：这里我们仅展示了通过 web3 与部署在测试网 testrpc 上的智能合约的互动。用户若想测试与以太坊主网上智能合约的互动，则必须按照前面章节所展示的把智能合约部署在以太坊主网，然后再调用web3与合约互动。

问题与思考

常用的智能合约与外界交互的接口有哪些？请举一例。

第六章　Solidity 语言基础

上一章我们简要介绍了以太坊智能合约的编程，在本章，我们将介绍以太坊智能合约编写最常用的语言 Solidity。

Solidity 是以太坊创始人之一的 Gavin Wood 博士发明的以太坊智能合约编程语言，是一个面向合约的高级语言，其语法类似 JavaScript，运行在以太坊虚拟机中。Solidity 是静态类型的编程语言，编译期间会检查数据类型，支持继承、类和复杂的用户定义类型。

本节我们将会分门别类介绍 Solidity 语言的各个特性。

本章所有内容基于 Solidity 0.4.24 版本，该版本的完整英文细节请参考网址：https：//solidity.readthedocs.io/en/v0.4.24/。

● 6.1　典型 Solidity 源文件的构成

一个 Solidity 源文件可以包含任意的智能合约定义、标识符及编译标识。

6.1.1　Pragma 版本

Solidity 源文件可以包含标识符所指定的编译器版本。如果不指定编译器版本，系统可能调用不兼容的编译器来编译源文件，从而产生编译错误。

编译器标识符的使用方式如下：

pragma solidity ^0.4.0;

经过这样定义，系统编译该文件时，就不会调用早于 0.4.0 和晚于（包括）0.5.0 的编译器编译。也可以使用 npm 定义更为复杂的编译选项。

6.1.2　导入源文件

6.1.2.1　语义及语法

和 javaScript 类似，Solidity 可以导入其他源文件，也可以在全局作用域导入其他源文件，比如：

import "filename";

该语句将在此源文件中包含进了 "filename" 的全部内容。

import * as symbolName from "filename";

上面这条语句创建了新的标识 "symbolName"，这个新的标识文件名将包含 "filename" 的所有内容。

import {symbol1 as alias，symbol2} from "filename";

上面这条语句将把"filename"中的"symbol1"标识为"alias","symbol2"标识为"symbol2"。还有一种用法，可能会更符合多数程序员的习惯：

import "filename" as symbolName;

它等价于 import * as symbolName from "filename";

6.1.2.2　路径

在上述定义中"filename"总是被定义为以"/"为分隔符的路径名。"."表示当前目录，".."表示当前目录的上一层目录。所有的"filename"定义都会被视为绝对路径，除非定义以"."或".."开头。

6.1.2.3　重映射在编译器中的用法

当调用编译器时，不仅可以定义如何找到路径中第一个目录的位置，还可以重新映射路径。比如：

github.com/ethereum/dapp-bin/library

可以被重新映射为：

/usr/local/dapp-bin/library

这样编译器就会从"/usr/local/dapp-bin/library"读取文件。如果定义了多个重映射，则包含最长字符的那个会被首先作为重映射。这种用法可用于"回退重映射"（"fallback-remapping"），比如：

""

可被重新映射为：

"/usr/local/include/solidity"

重映射依赖于源代码的上下文。当同一个库文件有不同的版本时，用户可以利用这个特性定义具体使用哪个版本。我们以 Solc 和 Remix 这两个编译器为例看具体的使用方法。

1）Solc 编译器

Solc 是个命令行编译器。在 Solc 中，重映射可作为 context：prefix = target 的参数。如果所有的重映射参数是文件名，则这些文件都会被编译，这种机制完全后向兼容。

如果用户把 github.com/ethereum/dapp-bin/ 克隆到本地/usr/local/dapp-bin，可以使用下列定义：

import "github.com/ethereum/dapp-bin/library/iterable_mapping.sol" as it_mapping;

然后用下列命令进行编译：

solc github.com/ethereum/dapp-bin/=/usr/local/dapp-bin/ source.sol

下面我们看一个更复杂的例子。加入用户要使用的一个模块，这个模块会用到一个很老版本的 dapp-in。这个 dapp-in 的路径为/usr/local/dapp-bin_old，可以用如下命令：

solc module1：github.com/ethereum/dapp-bin/=/usr/local/dapp-bin/ \

module2：github.com/ethereum/dapp-bin/=/usr/local/dapp-bin-old/ \

source.sol

这样module2里面使用的就是老版本的dapp-bin_old，而module1里使用的就是新版本的dapp-in。

2）Remix编译器

Remix能自动把github重映射，自动从github读取文件，用户可以导入迭代映射，如下所示：

import "github.com/ethereum/dapp-bin/library/iterable_mapping.sol" as it_mapping；

6.1.3　注释

Solidity支持单行注释"//"和多行注释"/*…*/"。

// 这是单行注释

/*

这是多行注释

*/

另外，还有一种注释符，称为"natspec"注释，这种注释方式并没有正式地出现在官方文档中。这种方式用三个斜杠表示"///"或"/**…*/"。这种注释方式必须紧跟在函数声明或定义之前。用户可以在注释内描述函数的功能，注释函数的判断条件等。在下例中，我们注释了合约名、两个输入参数和两个返回值。

```
pragma solidity ^0.4.0;
/** @title Shape calculator. */
contract shapeCalculator {
/** @dev Calculates a rectangle's surface and perimeter.
* @param w Width of the rectangle.
* @param h Height of the rectangle.
* @return s The calculated surface.
* @return p The calculated perimeter.
*/
function rectangle（uint w，uint h）returns（uint s，uint p）{
        s = w * h;
        p = 2 *（w + h）;
    }
}
```

>>>> **问题与思考**

（1）请将下例中Solidity的语言版本改为0.5.0。

```
pragma solidity ^0.4.0;
contract StoreData {
    uint storedData;
```

```
        function setData（uint inputData）{
            storedData = inputData；
        }
        function getData（）public constant returns（uint retVal）{
            return storedData；
        }
    }
```

（2）对下列语句进行注释，指出哪个是正确的。

A//s = w + h；

B/s = w + h；

C　/* s = w + h；*/

⦿ 6.2　Solidity 智能合约的组成

在 Solidity 中，智能合约很类似面向对象编程语言中的类。每个智能合约包含状态变量、函数、函数修饰符、事件、结构类型、枚举类型等的声明。一个智能合约还可以继承自其他智能合约。

6.2.1　状态变量（State Variables）

状态变量永久存储在智能合约的存储中。如下所示：

```
pragma solidity ^0.4.0；
contract SimpleStorage {
uint storedData；// 状态变量
// ...
}
```

6.2.2　函数（Functions）

函数是合约中一个可执行的代码单元。

```
pragma solidity ^0.4.0；
contract SimpleAuction {
    function bid（）public payable { // 函数
    // ...
    }
}
```

函数可以从内部或外部被调用，有不同的可见性。

6.2.3　函数修饰符（Function Modifiers）

函数修饰符可用于改变函数的语义，其用法类似函数的定义，如下所示：

```
pragma solidity ^0.4.0;
contract Purchase {
    address public seller;
    modifier onlySeller（）{ // 函数修饰符
        require(
                        msg.sender == seller,
                        "Only seller can call this."
                        );
                        _;
    }
    function abort（）public onlySeller { // Modifier usage
    // ...
    }
}
```

6.2.4　事件（Events）

事件是以太坊虚拟机的日志接口，可用于记录系统信息。

```
pragma solidity ^0.4.0;
contract SimpleAuction {
    event HighestBidIncreased（address bidder，uint amount）; // 事件
    function bid（）public payable {
        // ...
        emit HighestBidIncreased（msg.sender，msg.value）; // 触发事件
    }
}
```

6.2.5　结构体类型（Struct Types）

结构体是用户自定义的数据类型，可包含各种类型的数据，如下所示：

```
pragma solidity ^0.4.0;
contract Ballot {
    struct Voter { // 结构类型
        uint weight;
        bool voted;
        address delegate;
```

```
        uint vote;
    }
}
```

6.2.6 枚举类型（Enum Types）

枚举类型可被用于定义一组有限常量的集合。

```
pragma solidity ^0.4.0;
contract Purchase {
        enum State { Created，Locked，Inactive } // 枚举类型
}
```

在下面的章节中我们将分别就这些具体的类型进行详细介绍。

>>>>> **问题与思考**

（1）请定义一个函数。

（2）请定义一个事件。

● 6.3 类型介绍

Solidity 是一种静态类型语言，因此每个变量都需要在编译时指定其数据类型。

Solidity 数据类型分为两类：值类型（Value Type）（变量在赋值或传递参数时，进行值拷贝）和引用类型（Reference Types）。

6.3.1 值类型（Value Type）

值类型又可具体分为以下若干类：

1）布尔类型（Booleans）

2）整型（Integers）

3）定长浮点型（Fixed Point Numbers）

4）地址（Address）

5）地址成员（Members of Addresses）

6）定长字节数组（Fixed-size Byte Arrays）

7）变长字节数组（Dynamically-sized Byte Array）

8）地址字面值（Address Literals）

9）有理数字面值和整数字面值（Rational and Integer Literals）

10）字符串字面值（String Literals）

11）十六进制字面值（Hexadecimal Literals）

12）枚举（Enums）

13）函数类型（Function Types）

6.3.1.1　布尔类型（Booleans）

布尔类型的变量取值为常量 true 或 false。布尔类型支持的运算符有：

（1）! 逻辑非

（2）&& 逻辑与

（3）|| 逻辑或

（4）== 等于

（5）!= 不等于

注意：运算符 && 和 || 是短路运算符，比如"i==1 || j == 1"，当"i == 1"为真时，则不会继续判断"j == 1"是否成立；当"i == 1"不成立时才判断"j == 1"是否成立。

6.3.1.2　整型（Integers）

int/uint 分别表示有符号和无符号整数。支持关键字 uint8 到 uint256（以 8 为步进长度），uint 和 int 默认对应 uint256 和 int256。

整型变量支持的运算符有：

1）比较运算符：<=，<，==，!=，>=，>（等同布尔运算）

2）位运算符：&，|，^（异或），~（按位取反）

3）算术运算符：+，-，一元运算-，一元运算+，*，/，%（取余数），**（幂），<<（左移），>>（右移）

说明：

（1）在 Solidity 中，整数的除法运算结果会被截断，比如 1/4 计算结果会为 0。如果参与运算的数是 literals 则不会被截断。

（2）整数相除时，如果除数为 0 则抛出异常。

（3）移位运算结果的正负取决于操作符左边数的正负。

（4）移位运算时，所移位数不能为负，即操作符右边的数不能为负，否则会抛出异常。

注意：Solidity 中，右移位和除等价，因此一个负数经过右移位运算，会被四舍五入取整为 0，这点和其他语言里的右移位运算不同。

6.3.1.3　定长浮点型（Fixed Point Numbers）

注意：定长浮点型目前（本书采用的版本）在 Solidity 中还不完全支持，可以用来声明变量，但无法被赋值和用于赋值。

fixed/ufixed 分别表示有符号和无符号的定长浮点数。关键字为 ufixedMxN 和 ufixedMxN。M 表示这个类型占用的位数，N 表示小数点后位数。M 必须为 8 的整数倍，可为 8 到 256 位之间的任意值，N 可为 0 到 80 之间的值。

定长浮点型支持的运算符有：

1）比较运算符：<=，<，==，!=，>=，>（等同 bool 运算）

2）算术运算符：+，-，*，/，%（取余数）

3）一元运算符：-，+

注意：Solidity 中的定长浮点型和大多数语言的 float 和 double（更准确地说是 IEEE 754 标准）不一样，前者整数和小数部分总共占有的位数是固定的，而后者不固定。

6.3.1.4 地址（Address）

在 Solidity 中，一个地址是长度为 20 个字节的值类型，这也是以太坊地址的长度。地址类型有成员，地址是所有合约的基础。地址所支持的运算符有<=，<，==，!=，>= 和 >。

注意：从 0.5.0 版本开始，合约不再自地址类型得出，但仍然可以显式转换为地址。

6.3.1.5 地址成员（Members of Addresses）

地址有如下成员：

1）balance 及 transfer

balance 是地址的属性，可用来查询该地址账户的余额，transfer（）可用来发送以太币（以 wei 为单位）。例如：

address x=0x123；

address myAddress=this；

if（x.balance < 10 && myAddress.balance >= 10）x.transfer（10）；

注意：如果 x 是合约地址，合约的回退函数（fallback function）会随 transfer 一起被执行（这是 EVM 的特性），如果因 gas 耗光或其他原因导致执行失败，该 transfer 会回退，合约会抛出异常而停止执行。

2）send

send 的功能对应 transfer，但属于更底层的函数。如果 send 执行失败，当前合约不会停止执行，也不会抛出异常，send 会返回 false。

注意：调用 send（）有一定风险。如果调用栈的深度达到 1024 或 gas 耗光，交易会失败。因此，为了保证安全，必须检查 send 的返回值。建议程序员在编程时使用更安全的方法比如 transfer，这样当交易失败时，交易金额会退回。

3）call、callcode 和 delegatecall 函数

为了和非 ABI 协议的合约进行交互，可以使用 call（）函数。call（）函数支持任何类型、任意数量的参数，这些参数会被打包成 32 字节并连接在一起。唯一例外的是：当第一个参数恰好是 4 个字节时，参数不会被打包作为函数签名使用。具体例子如下所示：

address nameReg = 0x72ba7d8e73fe8eb666ea66babc8116a41bfb10e2；

nameReg.call（"register"，"MyName"）；

nameReg.call（bytes4（keccak256（"fun（uint256）"）），a）；

call 函数返回一个布尔值，表明执行成功与否。call 正常结束返回 true，异常终止返回 false，但无法获取返回的结果数据，如果需要获取返回的结果数据需要预先知道返回数据的编码和所占的字节数。用户还可以用 .gas（）修饰器定义 gas 费用：

nameReg.call.gas（1000000）（"register"，"MyName"）；

也可以利用修饰器定义以太币金额：

nameReg.call.value（1 ether）（"register"，"MyName"）;

还可以使用多种修饰器，使用多种修饰器时，修饰器之间的顺序可以任意排列：

nameReg.call.gas（1000000）.value（1 ether）（"register"，"MyName"）;

注：gas 和 value 修饰器不能用于重载函数。对于重载函数，可以在重载时检查 gas 和 value，查看它们是否有定义。

同样我们也可以使用 delegatecall 函数。其与 call 的区别在于，它仅调用函数代码，而使用当前合约的所有数据，如存储，余额等。delegatecall 常被用来执行另一个合约中的代码，所以开发者需要保证当前合约中的数据满足 delegatecall 中函数的要求。在 homestead 版本之前，仅有一个功能受限的 callcode 方法可用，但 callcode 无法访问 msg.sender 和 msg.value 的数据。

call、delegatecall 和 callcode 都是底层的调用函数，建议只在万不得已时使用，因为使用它们会破坏 Solidity 的类型安全。.gas（）可用于 call、callcode 和 delegatecall，.value（）可用于 call、callcode，但不能用于 delegatecall。

注：所有的合约都可被转换成 address 类型，因此可以使用 address（this）.balance 查询余额。我们不鼓励使用 callcode，在以后的版本中，该函数会被废弃。

上述函数都是底层函数，在使用时要相当小心。当调用一个未知的、可能是恶意的合约时，一旦用户把控制权交给那个合约，它可能回调用户的合约，所以在调用返回时，要小心应对状态变量可能的变化。

6.3.1.6 定长字节数组（Fixed-size Byte Arrays）

定长字节数组类型的关键字有：bytes1，bytes2，bytes3，⋯，bytes32，以步长为 1 递增，byte 代表 bytes1。

定长字节数组支持的运算符有：

1）比较运算符：<=，<，==，!=，>=，>（返回布尔值）

2）位操作符：&，|，^（按位异或），~（按位取反），<<（左移），>>（右移）

3）索引访问：如果 x 是 bytesI，当 0 <= k < I，则 x［k］返回第 k 个字节（只读）。

移位运算和整数类似，移位运算结果的正负取决于操作符左边的数，但所移位数不能为负。

成员 .length 为返回这个字节数组的长度（只读）。

注意：byte［］是字节数组，由于要遵循补位规则（padding rules），数组中每个元素（存储在 storage 中的例外）会浪费 31 个字节，因此要尽量用 bytes，而少用 byte［］。

6.3.1.7 变长字节数组（Dynamically-sized Byte Array）

1）bytes：字节数组，长度动态分配。

2）string：UTF-8 编码的字符类型数组，长度动态分配。

可用 bytes 来存储任意长度的字节数据，用 string 来存储任意长度的（UTF-8 编码）字符串数据。在长度已知的情况下，尽量使用定长类型，比如 bytes1 到 bytes32 中的一个，这样可省空间。

6.3.1.8 地址字面值（Address Literals）

地址字面值类型是一个能通过地址合法性检查（Address Checksum Test）的十六进制数，如0xdCad3a6d3569DF655070DEd06cb7A1b2Ccd1D3AF。如果一个39位到41位的十六进制数不能通过地址合法性检查则会得到一个警告，而被视为普通的有理数字面值类型（Rational Literal）。

6.3.1.9 有理数字面值和整数字面值（Rational and Integer Literals）

整数字面值类型是由一系列0~9的数字组成。整数字面值类型的最左位不能为0。Solidity中没有八进制字面值类型。

在表示小数字面值类型时，小数点左右两边至少要有一个数字，如"1."，".1"和"1.1"。

Solidity也支持科学计数法，基数可以是小数，但指数必须为整数，比如：5e2，0.3e10等。

有理数字面值类型可支持任意精度，在计算中不会导致溢出或除法截断。但当它被转换成非字面值类型（Non Literal），或者与非字面值类型进行运算时，则不再保证精度。例如，（2**800 + 1）- 2**800的结果为常量1（uint8类型），其中间结果可能不符合字长。再如.5 * 8，尽管有非整型数参与了运算，但结果为4。

整型数支持的运算符都适用于整数字面值类型。如果两个操作数是小数，则不允许进行位运算，指数不能为小数。

注意：Solidity中每一个有理数字面值类型都有一个数字字面值类型（number literal）。整数字面值类型和有理数字面值类型都是数字字面值类型。所有的数字字面值类型表达式（只包含数字字面值类型和操作符的表达式）的结果都是数字字面值类型。所以3 + 2和2 + 3都是有理数5的数字字面值类型。

整数字面值类型的除法，在早期的版本中其结果是被截断的，但现在可以被转为有理数，如3/2的值为1.5而不是1。

数字字面值类型表达式一旦参与了非字面值类型表达式的运算，则会被转为非字面值类型。下面代码中表达式的结果是个整型数，但却无法通过编译，因为2.5 + a无法通过类型检查。

uint128 a = 1;

uint128 b = 2.5 + a + 0.5;

6.3.1.10 字符串字面值（String Literals）

字符串字面值类型由单引号或双引号标注（如"name"或'address'）。字符串字面值类型并不像C语言中那样包含结束符，比如"name"这个字符串字面值类型大小为4个字节，而不像C语言那样是5个字节。和整数字面值类型一样，字符串字面值类型的长度是可变的。字符串字面值类型可以隐式转换为bytes1，…，bytes32，在合适的情况下也能被转换为bytes或string。

字符串字面值类型支持转义字符，比如\n，\xNN，\uNNNN。\xNN把一个16进制数转换为合适的字节。\uNNNN把一个Unicode编码值转换为UTF-8字符串。

6.3.1.11　十六进制字面值（Hexadecimal Literals）

十六进制字面值类型以关键字hex打头，后面紧跟用单引号或双引号标注的字符串，比如hex"001122ff"，其内容是十六进制字符串，其值是二进制数。

十六进制字面值类型和字符串字面值类型类似，适用同样的转换规则。

6.3.1.12　枚举（Enums）

在Solidity中，枚举可以由用户自定义，可以显式地与整数进行转换，但不能进行隐式转换。显式转换会在运行时检查数值范围，如果不符合规则，将会引起异常。枚举类型应至少有一名成员。下面是一个枚举的例子：

```
pragma solidity ^0.4.16;
contract test {
    enum ActionChoices { GoLeft, GoRight, GoStraight, SitStill }
    ActionChoices choice;
    ActionChoices constant defaultChoice = ActionChoices.GoStraight;
    function setGoStraight () public {
        choice = ActionChoices.GoStraight;
    }
    // Since enum types are not part of the ABI, the signature of "getChoice"
    // will automatically be changed to "getChoice () returns (uint8) "
    // for all matters external to Solidity. The integer type used is just
    // large enough to hold all enum values, i.e. if you have more values,
    // 'uint16' will be used and so on.
    function getChoice () public view returns (ActionChoices) {
    return choice;
    }
    function getDefaultChoice () public pure returns (uint) {
    return uint (defaultChoice);
    }
}
```

6.3.1.13　函数类型（Function Types）

在Solidity中，函数也是一种类型。可以将一个函数赋值给一个函数类型，也可以将一个函数作为参数传递给函数中的参数，还可以把函数作为返回值。函数类型有两种：内部（Internal）函数和外部（External）函数。

内部函数只能在当前合约内被调用（合约代码可能包括内部库函数和继承的函数）。外部函数由地址和函数签名两部分组成，可分别作为参数传入和返回值返回。

函数类型定义如下：

```
function ( <parameter types> ) {internal|external}  [pure|constant|view|payable]
```

［returns（<return types>）］

如果函数不需要返回值，则returns（<return types>）语句应该完全省略。默认情况下，函数都是internal，因此关键字internal可以省去。与此相反，合约中的函数默认是public，仅仅在当作类型名使用时默认为internal。

在合约中，有两种方式访问函数，一种是直接用函数名f（假设f为函数名）访问，另一种是用this.f访问，前者用于内部函数调用，后者用于外部函数调用。

如果一个函数变量没有初始化，直接调用它将会产生异常。如果delete一个函数后继续调用它，也会产生异常。

如果外部函数类型在Solidity的上下文环境以外的地方使用，会被视为函数类型。它会将函数地址和地址前的函数标识符一起编码为bytes24类型。

合约中的public函数，可以使用internal和external两种方式来调用。internal访问形式为f，external访问形式为this.f。

public（或external）函数有个特殊成员selector，该成员返回ABI函数的selector。

```
pragma solidity ^0.4.16;
contract Selector {
    function f () public view returns （bytes4） {
        return this.f.selector;
    }
}
```

下面的例子展示了如何使用internal函数：

```
pragma solidity ^0.4.16;
library ArrayUtils {
    // internal functions can be used in internal library functions
    // because they will be part of the same code context
function map （uint [] memory self, function （uint) pure returns （uint) f)
internal
pure
returns （uint [] memory r)
{
    r = new uint [] (self.length);
    for （uint i = 0; i < self.length; i++) {
        r [i] = f (self [i] );
    }
}
function reduce(
    uint [] memory self,
    function （uint, uint) pure returns （uint) f
```

```
    )
        internal
        pure
        returns（uint r）
    {
        r = self［0］;
        for（uint i = 1; i < self.length; i++）{
            r = f（r, self［i］）;
        }
    }
    function range（uint length）internal pure returns（uint［］memory r）{
        r = new uint［］（length）;
        for（uint i = 0; i < r.length; i++）{
            r［i］= i;
        }
    }
}
contract Pyramid {
    using ArrayUtils for *;
    function pyramid（uint l）public pure returns（uint）{
        return ArrayUtils.range（l）.map（square）.reduce（sum）;
    }
    function square（uint x）internal pure returns（uint）{
        return x * x;
    }
    function sum（uint x, uint y）internal pure returns（uint）{
        return x + y;
    }
}
```

下面的例子展示如何使用external函数：

```
pragma solidity ^0.4.22;
contract Oracle {
    struct Request {
        bytes data;
        function（bytes memory）external callback;
    }
    Request［］requests;
```

```
        event NewRequest（uint）；
        function query（bytes data，function（bytes memory）external callback）public {
            requests.push（Request（data，callback））；
            emit NewRequest（requests.length − 1）；
        }
        function reply（uint requestID，bytes response）public {
            // Here goes the check that the reply comes from a trusted source
            requests［requestID］. callback（response）；
        }
    }
    contract OracleUser {
        Oracle constant oracle = Oracle（0x1234567）；// known contract
        function buySomething（）{
            oracle.query（"USD"，this.oracleResponse）；
        }
        function oracleResponse（bytes response）public {
            require(
                msg.sender == address（oracle），
                "Only oracle can call this."
            )；
            // Use the data
        }
    }
```

在上面的例子中，我们可以看到 public，private，internal 和 external 这几个关键字。它们用于定义函数的可见性，在后续章节中将详细介绍。

6.3.2　引用类型（Reference Types）

在前面的章节，我们提到 Solidity 类型分为两类：值类型（Value Type）及引用类型（Reference Type）。前面已经介绍了值类型，接下来介绍引用类型。

复杂的类型（比如其大小并不总是为256位的引用类型）处理方式必须非常小心。直接拷贝这些类型往往代价很大，程序员必须清楚这些类型的值是要存在 memory（临时）中还是存在 storage（状态变量存储的地方）中。

6.3.2.1　数据位置（Data Location）

所有的复杂类型如数组（Array）和结构体（Struct）都有一个额外的属性：数据的存储位置（Data Location）。存储位置可为 memory 或 storage。

根据上下文的不同，大多数时候数据的存储位置有默认值，也可通过关键字 storage 和 memory 指定数据的存储位置。

函数参数（包含返回参数）默认存储在memory，局部变量（Local Variables）和状态变量（State Variables）默认存储在storage。

还有一种存储位置calldata，用来存储函数参数，只读，只用于临时存储。外部函数的参数（不包括返回值）被强制指定存储在calldata时，效果与memory类似。

数据存储位置的指定非常重要，因为它们会影响赋值行为。在memory和storage之间或状态变量之间相互赋值，会创建一个全新的拷贝。给一个局部storage变量赋值，实际上是给其赋值一个引用。所以对于局部变量的修改，同时也会修改其引用的状态变量。将一个memory的引用类型赋值给另一个memory的引用时，不会创建新的拷贝。请看下面这段代码：

```solidity
pragma solidity ^0.4.0;
contract C {
    uint [] x; // the data location of x is storage
    // the data location of memoryArray is memory
    function f（uint [] memoryArray）public {
        x = memoryArray; // works，copies the whole array to storage
        var y = x; // works，assigns a pointer，data location of y is storage
        y [7]; // fine，returns the 8th element
        y.length = 2; // fine，modifies x through y
        delete x; // fine，clears the array，also modifies y
        // The following does not work；it would need to create a new temporary /
        // unnamed array in storage，but storage is "statically" allocated：
        // y = memoryArray;

        // This does not work either，since it would "reset" the pointer，but there
        // is no sensible location it could point to.
        // delete y;
        g（x）; // calls g，handing over a reference to x
        h（x）; // calls h and creates an independent，temporary copy in memory
    }
    function g（uint [] storage storageArray）internal {}
    function h（uint [] memoryArray）public {}
}
```

小结：

1）强制数据位置（Forced Data Location）

外部函数（external function）的参数（不包括返回值）强制为calldata。

状态变量（state variable）强制为storage。

2）默认数据位置（Default Data Location）

函数参数及返回参数：memory

所有其他局部变量：storage

6.3.2.2 数组（Arrays）

数组可以在声明时指定长度，也可以是变长。对 storage 存储数组来说，元素的数据类型可以是任意的，甚至是数组、映射类型、结构体等。但对于 memory 内存数组来说，如果作为 public 函数的参数，它不能是映射类型的数组，只能是 ABI 类型的数组。

一个元素类型为 T，固定长度为 k 的数组，可以定义为 T［k］，而一个变长数组可以声明为 T［］。如果是一个五维，并且数据类型为变长的 uint 类型数组可以声明为 uint［］［5］（注意，和其他语言如 C++相比，Solidity 多维数组的长度声明是显著不同的）。要访问该二维数组中第三个动态数组的第二个元素，则使用 x［2］［1］。数组的序号从 0 开始。

Bytes 和 string 类型的变量是一种特殊的数组。bytes 类似 byte［］，但在 calldata 中，bytes 会被压缩打包。string 类同 bytes，但暂不支持 length 和索引操作。程序员应尽量使用 bytes 而不是 byte［］。

如果想访问 byte 类型的字符串 s 可以使用 bytes（s）.length/bytes（s）［7］='x'。注意，这种方式访问的是底层 UTF-8 编码的 bytes 而不是单个字符。类型为数组的状态变量，可以用关键字 public 定义，从而让 Solidity 创建一个访问器 getter，如果要访问数组的某个元素，可以指定下标用 getter 访问。

1）分配内存数组（Memory Arrays）

要创建内存中的变长类型数组，可以使用关键字 new。与 storage 数组不同的是，用户不能通过 .length 来定义内存数组的大小。我们来看看下面的例子：

```
pragma solidity ^0.4.16;
contract C {
    function f（uint len）public pure {
        uint［］memory a = new uint［］（7）;
        bytes memory b = new bytes（len）;
        // 这里 a.length == 7 ，b.length == len
        a［6］= 8;
    }
}
```

2）数组常量及内联数组

数组常量，是一个还未赋值给任何变量的表达式。下面是一个简单的例子：

```
pragma solidity ^0.4.16;
contract C {
    function f（）public pure {
```

```
            g（［uint（1），2，3］）;
        }
        function g（uint［3］_data）public pure {
            // ...
        }
    }
```

数组常量是定长类型的内存数组，其元素类型则是刚好符合存储规则的类型，比如数组［1，2，3］的类型是 uint8［3］memory，这里由于每个元素的数据类型为 uint8，因此，必须把第一个元素转换为 uint。

还需注意的一点是，定长类型的内存数组，不能赋值给变长类型的内存数组，下例代码就无法通过编译。

```
//无法通过编译
pragma solidity ^0.4.0;
contract C {
    function f（）public {
        // 下面一行有类型错误，因为 uint［3］memory
        // 不能被转换成 uint［］memory.
        uint［］x =［uint（1），3，4］;
    }
}
```

在未来的版本中，这个限制可能会被取消。

3）成员

（1）length 属性

数组有 .length 属性，记录当前的数组长度。对变长的 storage 存储数组而言，可以通过给 .length 赋值调整数组长度。但 memory 内存数组不支持此种操作。不能通过访问超出当前数组长度的方式来自动改变数组长度。memory 内存数组虽然可以通过参数灵活指定长度，但一旦创建，数组长度就不可改变。

（2）push 方法

变长的 storage 存储数组和 bytes 都有一个成员函数 push（string 没有），用于附加新元素到数组末端，返回值为数组的长度。

需要注意的是：当前在 external 函数中，不能使用多维数组。另外，由于 EVM 的限制，不能通过外部函数返回变长数组的内容。

比如，智能合约 contract C { function f（）returns（uint［］）{ ... } }中的函数 f 若是通过 web.js 调用则能返回数据，若是通过 Solidity 调用则不能返回数据。若想在 Solidity 调用时也返回数据，现有的解决方案是使用一个大的静态数组。

```
pragma solidity ^0.4.16;
contract ArrayContract {
```

```solidity
uint [2**20] m_aLotOfIntegers;
// 注意，下面的数组不是一对数组而是一个变长的数据对，即长度为2的定
长数组
bool [2] [] m_pairsOfFlags;
// newPairs存储在内存中 – 默认的函数参数存储方式
function setAllFlagPairs (bool [2] [] newPairs) public {
    // 给一个storage存储数组赋值，替换原有数组
    m_pairsOfFlags = newPairs;
}
function setFlagPair (uint index, bool flagA, bool flagB) public {
    // 访问一个不存在的下标将抛出异常
    m_pairsOfFlags [index] [0] = flagA;
    m_pairsOfFlags [index] [1] = flagB;
}
function changeFlagArraySize (uint newSize) public {
    // 如果新数组长度变小，截去的数组元素将被清空
    m_pairsOfFlags.length = newSize;
}
function clear () public {
    // 删除数组
    delete m_pairsOfFlags;
    delete m_aLotOfIntegers;
    // 效果同上
    m_pairsOfFlags.length = 0;
}
bytes m_byteData;
function byteArrays (bytes data) public {
    // 字节数组（"bytes"）存储时，无须打包拼接
    // 可被视为等同"uint8 []"类型
    m_byteData = data;
    m_byteData.length += 7;
    m_byteData [3] = byte (8);
    delete m_byteData [2];
}
function addFlag (bool [2] flag) public returns (uint) {
    return m_pairsOfFlags.push (flag);
}
```

```
function createMemoryArray（uint size）public pure returns（bytes）{
// 变长内存数组用"new"创建
    uint［2］［］memory arrayOfPairs = new uint［2］［］（size）；
    // 创建变长字节数组：
    bytes memory b = new bytes（200）；
    for（uint i = 0；i < b.length；i++）
    b［i］= byte（i）；
    return b；
    }
}
```

6.3.2.3 结构体（Struct）

在Solidity中，用户可用struct自定义数据类型。我们看看下面的例子：

```
pragma solidity ^0.4.11；
contract CrowdFunding {
    // Defines a new type with two fields.
    struct Funder {
        address addr；
        uint amount；
    }
    struct Campaign {
        address beneficiary；
        uint fundingGoal；
        uint numFunders；
        uint amount；
        mapping（uint => Funder）funders；
    }
    uint numCampaigns；
    mapping（uint => Campaign）campaigns；
    function newCampaign（address beneficiary，uint goal）public returns（uint
campaignID）{
        campaignID = numCampaigns++；// campaignID is return variable
        // Creates new struct and saves in storage. We leave out the mapping type.
        campaigns［campaignID］= Campaign（beneficiary，goal，0，0）；
    }
    function contribute（uint campaignID）public payable {
        Campaign storage c = campaigns［campaignID］；
        // Creates a new temporary memory struct，initialised with the given values.
```

```
        // and copies it over to storage.
        // Note that you can also use Funder（msg.sender，msg.value）to initialise.

        c.funders［c.numFunders++］= Funder（{addr：msg.sender，amount：msg.
value}）;

        c.amount += msg.value;
    }
    function checkGoalReached（uint campaignID）public returns（bool reached）{
        Campaign storage c = campaigns［campaignID］;
        if（c.amount < c.fundingGoal）
        return false;
        uint amount = c.amount;
        c.amount = 0;
        c.beneficiary.transfer（amount）;
        return true;
    }
}
```

这是个简化版的众筹合约，它有助于我们理解struct数据结构，struct可以作为映射和数组中的元素，其本身也可以包含映射和数组等数据类型。

一个struct类型不能同时将自身作为其数据成员，这是因为结构体的大小必须是有限的，但struct可以作为mapping的值类型成员。

注意观察，在上例函数中，一个struct是如何赋值给一个局部变量的（默认是storage类型），赋值过程实际上只是拷贝引用，因此修改局部变量值的同时，也会修改原变量的值。可以直接通过访问成员修改值，而不一定将其赋值给一个局部变量，如：

campaigns［campaignID］.amount=0

6.3.3 映射（Mappings）

映射类型可被定义为mapping（_KeyType => ValueType）。KeyType被称为键类型，ValueType被称为值类型。一个键类型和一个值类型组成一对。键类型可以是除映射、变长数组、合约、枚举和结构体外的几乎所有类型。值类型没有任何限制，可以为任何类型，包括映射。

映射可以被视为一个哈希表，每一个键都被映射到一个默认值（零）。在映射中，并不存储键的值，仅仅存储它的keccak256哈希值，这个哈希值在查找该键对应的值时需要用到。因此，映射是没有长度的，也没有键集合或值集合的概念。

映射类型仅能作为状态变量，或在内部函数中作为storage引用类型。

可以用关键字public来定义映射。让Solidity创建一个访问器getter，通过提供一个键类型 KeyType 参数来访问它，可以得到相应的 ValueType。映射的值类型 ValueType 也可以是映射，使用访问器访问时，要提供一个参数以供查找值类型。我们来看一个例子：

```
pragma solidity ^0.4.0；
contract MappingExample {
    mapping（address => uint）public balances；
    function update（uint newBalance）public {
        balances［msg.sender］= newBalance；
    }
}
contract MappingUser {
    function f（）public returns（uint）{
        MappingExample m=new MappingExample（）；
        m.update（100）；
        return m.balances（this）；
    }
}
```

注意：映射无法迭代，但程序员可以自行实现一个基于映射的迭代结构。

6.3.4　涉及 LValues 的运算

如果 a 是个 LValue 变量，则运算式 a=a+e 可简化为 a+=e。含有运算符 -=，*=，/=，%=，|=，&=，^=的运算式都可做类似简化。a++和 a--分别等同于 a=a+1 和 a=a 1。++a 和--a 也类似，这点和 C++/C 一样。

delete a 操作会把 a 类型的初始值赋给 a。如果 a 是个整型，则操作完后 a=0。如果 a 是个变长数组，则其长度会被设为零；如果 a 是定长数组或结构变量，则所有元素的值全部被重置。

delete 对 mappings 不起作用。因此如果 delete 的是个 struct，并且该 struct 包含 mappings，则除 mappings 以外的其他变量全部被重置。

要注意的是，delete a 相当于是给 a 的赋值运算。我们看下面的例子：

```
pragma solidity ^0.4.0；
contract DeleteExample {
    uint data；
    uint［］dataArray；
    function f（）public {
    uint x = data；
    delete x；//把 x 赋值 0。
    delete data；//把 data 赋值 0。
```

```
    uint［］storage y=dataArray；
    delete dataArray；//将 dataArray.length 设为 0，但 uint［］仍然保持原有数据。
    // y 受到了影响，因为 y 是个 storage 存储对象。
    // 注意，"delete y" 无效。
    // referencing storage objects can only be made from existing storage objects.
    }
}
```

6.3.5 基本数据类型之间的转换

1）隐式转换

当一个运算作用于不同的数据类型时，编译器通常会把一个数据类型隐式转换为另一个数据类型。通常这种类型转换不会遗失数据信息，比如 uint8 转换为 uint16，uint128 转换为 uint256，但 uint8 不能转换为 uint256（因为 uint8 类型变量的值可以为−1，而 uint256 没有−1 这种值）。另外无符号型整数可被转换为同样长度或更长的 bytes 类型，反之则不成立。比如任何能转换为 uint160 的类型也可以转换为 address 类型。

2）显式转换

在某些情况下，如果编译器不做隐式转换，但代码要求必须进行类型转换时，可进行显式转换。但要注意的是，显式转换可能会带来意料之外的后果。下例中把 uint8 转换为 uint：

uint8 y=−3；

uint x=uint（y）；

执行完这些命令后 x 的值将为 0xffffff..fd（64 位 16 进制数）。

如果一个占字节数比较长的类型转换为短的类型，则高位部分被截取，如下例所示：

uint32 a = 0x12345678；

uint16 b = uint16（a）；// b 将变成 0x5678。

6.3.6 类型推断

有时为了简便起见，并不总是要在变量定义的时候标明变量的类型，编译器会自动把第一个给该变量赋值的类型定义为该变量的类型，如下例所示：

uint24 x = 0x123；

var y = x；

这里 y 会被定义为 uint24，但 var 不能用来定义函数参数或返回值。

类型推断时，第一个赋值类型将被作为变量的数据类型。因此下例 for（var i = 0；i < 2000；i++）{ ... }语句将会无限循环，因为 i 的数据类型将被定义为 uint8，而 uint8 类型的最大值永远小于 2 000。

>>>> **问题与思考**

（1）int i = 2，j = 5；i / j =?

（2）transfer和send函数调用失败后，哪个调用的交易金额会退回？

（3）下列操作能否通过编译？如果不行，哪句话有问题？

uint128 a = 2；

uint128 b = 2.2 + a + 0.8；

（4）在函数调用中，如果一个函数变量没有初始化，直接调用它是否会产生异常？

（5）如果delete一个函数后继续调用它，是否会产生异常？

（6）下例中，y中数据的存储类型是memory还是storage？

uint［］x；

function f（uint［］memoryArray）public {

　　x = memoryArray；

　　var y = x；

　　…

}

（7）下例中 a.length 等于多少？

uint［］memory a = new uint［］（7）；

（8）下例中 b.length 等于多少？

bytes memory b = new bytes（5）；

（9）下列编译能否通过？如果不能，问题在哪里？

struct Campaign {

　　address beneficiary；

　　Campaign camp；

}

（10）下列语句能否通过编译？如果不能，问题在哪里？

mapping（bytes => uint）public balances；

（11）下列语句执行完后，x等于多少？

uint data；

data = 2；

uint x = data；

delete x；

（12）下列语句执行完后，y的数据类型是什么？

uint24 x = 0x123；

var y = x；

6.4 单位及全局变量

6.4.1 以太币单位（Ether Units）

以太坊的通证被称为 Ether，一般翻译为以太币，它的单位有：wei，finney，szabo 和 ether。不同的单位之间可以进行换算。不含任何后缀的默认单位是 wei。各单位间的换算关系如下：

1 ether = 10^3 finney = 1 000 finney

1 ether = 10^6 szabo

1 ether = 10^18 wei

以太币的单位其实是一些密码学家的名字，以太坊创始人为了纪念一些在数字货币领域做出重大贡献的人物，用他们的名字作为以太币的单位。他们分别是：

wei：Wei Dai，戴伟，密码学家，发明了 B-money。

finney：Hal Finney，哈尔·芬尼，密码学家，为工作量证明机制（POW）做出了巨大贡献。

szabo：Nick Szabo，尼克·萨博，密码学家，智能合约概念的提出者。

6.4.2 时间单位（Time Units）

Solidity 中时间单位有：seconds，minutes，hours，days，weeks，years。它们之间可进行换算，规则如下：

1=1seconds（默认是以 seconds 为单位）

1minutes=60seconds

1hours = 60minutes

1days =24hours

1weeks=7days

1years=365days

使用这些单位进行日期计算时需要特别小心，因为不是每年（实际上 years 后缀已经过时）都是 365 天，不是每天都有 24 小时，另外还有闰秒。由于无法预测闰秒，所以必须由外部的预言机（oracle）来更新从而得到一个精确的日历库。

这些后缀不能作用于变量。如果想标注函数的输入参数为不同的单位，可以使用下面的方式：

```
function f（uint start，uint daysAfter） public {
    if（now >= start + daysAfter * 1days） {
        // ...
    }
}
```

6.4.3　特殊变量和函数

Solidity中有一些特殊的变量及函数，它们存在于全局命名空间内，主要用于提供区块链的信息等，它们主要分为以下几类：

（1）区块和交易的属性。

（2）ABI编码函数。

（3）错误处理。

（4）数学及加密功能。

（5）地址相关。

（6）合约相关。

下面我们分别进行介绍。

6.4.3.1　区块和交易的属性（Block and Transaction Properties）

区块和交易的属性用来提供区块链当前的信息。

（1）block.blockhash（uint blockNumber）returns（bytes32）：返回给定区块的哈希值，只支持查询最近256个区块的哈希值，且不包含当前区块，在0.4.22版本中被blockhash（uint blockNumber）替代。

（2）block.coinbase（address）：当前区块矿工的地址。

（3）block.difficulty（uint）：当前区块的出块难度。

（4）block.gaslimit（uint）：当前区块的限制。

（5）block.number（uint）：当前区块的区块号。

（6）block.timestamp（uint）：当前区块的Unix时间戳（从1970/1/1 00：00：00 UTC开始所经过的秒数）

（7）gasleft（）（uint256）：剩余gas。

（8）msg.data（bytes）：完整的调用数据（calldata）。

（9）msg.gas（uint）：当前的gas余额，在版本0.4.21中被gasleft（）替代。

（10）msg.sender（address）：当前消息的发送者。

（11）msg.sig（bytes4）：调用数据（calldata）的前四个字节（例如函数标识符）。

（12）msg.value（uint）：消息所附带的以太币，单位为wei。

（13）now（uint）：当前区块的时间戳（block.timestamp的别名）。

（14）tx.gasprice（uint）：本次交易的gas价格。

（15）tx.origin（address）：本次交易的发送者（完整调用链）。

注意：msg的所有成员的值，如msg.sender和msg.value等会因为每一次外部函数调用，或库函数调用而发生变化。

不要通过block.timestamp，now和block.blockhash来产生一个随机数（除非万不得已），因为这几个值在一定程度上会被矿工影响。比如在一个博彩合约里，不诚实的矿工可能会重试选择一个对自己有利的哈希值。

当前区块的时间戳（Timestamp）必须大于上一个区块的时间戳，它介于区块链上前一个区块的时间戳和后一个区块的时间戳之间。

为了迁就可扩展性，用户只能查最近256个区块的哈希值，若查询超出此范围的区块，则哈希值将返回0。

6.4.3.2 ABI编码函数

Solidity 提供了以下函数，用来直接得到 ABI 编码信息，这些函数有：

（1）abi.encode（...）returns（bytes）：计算参数的 ABI 编码。

（2）abi.encodePacked（...）returns（bytes）：计算参数的打包编码。

（3）abi. encodeWithSelector（bytes4 selector，...）returns（bytes）：计算函数中从第二个开始的参数的 ABI 编码并插入4字节的选择器 selector。

（4）abi.encodeWithSignature（string signature，...）returns（bytes）：该函数等价于 abi.encodeWithSelector（bytes4（keccak256（signature），...）。

ABI编码函数可以在不调用函数的情况下，计算 ABI 编码值。

另外，keccak256（abi.encodePacked（a，b））是个更加显式计算keccak256（a，b）的方法，keccak256（a，b）将被淘汰。

6.4.3.3 错误处理

（1）assert（bool condition）：用于判断内部错误，条件不满足时交易无效。

（2）require（bool condition）：用于判断输入或外部执行错误，条件不满足时回退。

（3）require（bool condition，string message）：同上，多了给出错误信息。

（4）revert（）：终止执行并还原改变的状态。

（5）revert（string reason）：同上，多了提供错误信息。

6.4.3.4 数学及加密功能

（1）addmod（uint x，uint y，uint k）returns（uint）：计算（x + y）% k，加法支持任意精度，且不会在2**256处溢出，从0.5.0版本开始assert（k != 0）。

（2）mulmod（uint x，uint y，uint k）returns（uint）：计算（x * y）% k，乘法支持任意精度，且不会在2**256处溢出，从0.5.0版本开始assert（k != 0）。

（3）keccak256（⋯）returns（bytes32）：计算打包参数的（keccak-256）哈希值。

（4）sha256（⋯）returns（bytes32）：计算打包参数的SHA-256哈希值。

（5）sha3（⋯）returns（bytes32）：keccak256的别名。

（6）ripemd160（⋯）returns（bytes20）：计算打包参数的ripemd-160哈希值。

（7）ecrecover（bytes32 hash，uint8 v，bytes32 r，bytes32 s）returns（address）：通过椭圆曲线签名来恢复与公钥关联的地址，或在错误时返回零。

打包（tightly packed）的意思是参数不会补位，参数前后之间直接连接在一起，下面几个例子调用效果相同。

keccak256（"ab", "c"）

keccak256（"abc"）

keccak256（0x616263）

keccak256（6382179）

keccak256（97，98，99）

如果需要填充补位，可以使用显式类型转换：keccak256（"\x00\x12"）与keccak256（uint16（0x12））相同。

注意，对常量值，Solidity会用存储它所需的最少字节数来打包，如keccak256（0）== keccak256（uint8（0））和keccak256（0x12345678）== keccak256（uint32（0x12345678））。

在私有区块链上运行SHA-256，ripemd160或ecrecover可能会出现Out-Of-Gas错误。因为私链上合约是预编译的，合约要在收到第一个消息后才能被真正激活（虽然合约的代码已经写好了）。向一个没有被激活的合约发送消息会导致Out-Of-Gas错误。要避免这个问题可以在用户真正使用每个合约之前先发送1wei的以太币到这些合约。在主链和测试链上不会有这个问题。

6.4.3.5　地址相关

（1）<address>.balance（uint256）：address的余额，以wei为单位。

（2）<address>.transfer（uint256 amount）：发送amount所定义金额的以太币到某个地址，以wei为单位，失败时抛出异常。

（3）<address>.send（uint256 amount）returns（bool）：发送amount所定义金额的以太币到某个地址，以wei为单位，失败时返回false。

（4）<address>.call（…）returns（bool）：发起底层调用call，失败时返回false。

（5）<address>.callcode（…）returns（bool）：发起底层调用callcode，失败时返回false。

（6）<address>.delegatecall（…）returns（bool）：发起底层调用delegatecall，失败时返回false。

注意：调用send（）有风险，如果调用堆栈的深度达到1 024或gas耗光，交易会失败。因此，为了保证安全，必须检查send的返回值，建议使用transfer函数。

6.4.3.6　合约相关

（1）this（当前合约的类型）：表示当前合约，可以显式转换为address。

（2）selfdestruct（address recipient）：销毁当前合约，并将其余额发送到给定的地址。

（3）suicide（address recipient）：selfdestruct的别名。

另外，合约里的所有函数均可支持调用，包括当前函数本身。

>>>>> **问题与思考**

（1）1 ether =＿＿＿wei

（2）语句<address>.balance（uint256）中，address的余额，是以哪个为单位？

6.5 表达式及控制结构

6.5.1 输入参数和输出参数

和 JavaScript 一样，函数有输入参数，但和 JavaScript 以及 C 语言不同的是，Solidity 函数可以返回任意数量的返回值。

1）输入参数

输入参数的定义和变量的定义一样，如果某参数不使用，可以省略其变量名。我们看下面的例子：

```
pragma solidity ^0.4.16;
contract Simple {
    function taker（uint _a，uint _b）public pure {
    // 输入参数 a 和 b。
    }
}
```

2）返回值

返回值的定义紧跟在关键字 returns 之后。如下例所示：

```
pragma solidity ^0.4.16;
contract Simple {
    function arithmetics（uint _a，uint _b）
        public
        pure
        returns（uint o_sum，uint o_product）
    {
        o_sum = _a + _b;
        o_product = _a * _b;
    }
}
```

返回值的名字可省略。返回值可用 return 指定，return 可返回多个值。返回值都会被初始化为 0，如果它们没有被显式地赋值，将一直为 0。

6.5.2 控制结构

JavaScript 中的控制结构除了 switch 和 goto，其他的在 Solidity 中也都存在。Solidity 的控制语句有：if，else，while，do，for，break，continue，return，? :。它们的用法和定义与 JavaScript 或 C 语言一样。

在条件语句中，括号不能省略，但在单一语句中，花括号可省略。

注意：不像 C 语言和 JavaScript 那样可以把非布尔值转换为布尔值，Solidity 不支持这样的转换，因此 if（1）{ ... }在 Solidity 中是错误的用法。

6.5.3 函数调用

1）内部函数调用（Internal Function Calls）

当前合约的函数可以被直接（内部）调用，甚至是递归调用，见下例：

pragma solidity ^0.4.16；

contract C {

    function g（uint a）public pure returns（uint ret）{ return f（）；}

    function f（）internal pure returns（uint ret）{ return g（7）+ f（）；}

}

上例中的函数调用在以太坊虚拟机中会被翻译成简单的跳转语句。调用完后当前内存不被清零，在内存中传递引用，这种方式非常高效。只有同一个合约中的函数才能进行内部调用。

2）外部函数调用（External Function Calls）

表达式 this.g（8）；和 c.g（2）；（c 是个合约实例）也是函数调用，但这种函数调用是外部函数调用，它通过消息而不是跳转语句进行调用。注意，不能在合约的构造函数中使用 this 调用，因为在构造函数调用时合约还未真正实例化。

在一个合约中想调用其他合约的函数只能采用外部函数调用。在进行外部函数调用时，函数的参数都会被拷贝到内存中。当调用其他合约的函数时，要发送的 wei 和 gas 可用 .value（）和 .gas（）定义，如下例所示：

pragma solidity ^0.4.0；

contract InfoFeed {

    function info（）public payable returns（uint ret）{ return 42；}

}

contract Consumer {

    InfoFeed feed；

    function setFeed（address addr）public { feed = InfoFeed（addr）；}

    function callFeed（）public { feed.info.value（10）.gas（800）（）；}

}

在上例中修饰符 payable 必须被用于 info 函数，否则 .value（）将无法使用。

值得注意的是，表达式 InfoFeed（addr）进行了显式转换，告诉系统，地址 addr 的合约类型是 InfoFeed，并且不会调用构造函数。显式类型转换在使用时必须非常小心，在没有把握时，不要使用。

我们也可以直接使用函数 setFeed（InfoFeed feed）{feed = feed；}。注意 feed.info. value（10）.gas（800）仅仅只在本地局部设置函数调用的 gas 值，.gas（800）才是真正的函数调用。

如果被调用的合约不存在、合约抛出异常或 gas 耗尽，函数调用就会抛出异常。

注意：任何调用其他合约的行为都有风险，尤其是当被调用的合约源代码未知时。调用另外一个合约就意味着当前合约把控制权给了另外一个合约，那么另外那个合约做什么就完全不在控制之内。特别要提醒的是，尽量在当前合约的状态已经进行了明确的改变之后，再调用其他的合约，这样操作能在最大程度上防止重入攻击（Reentrancy Exploit）。

3）命名调用和匿名函数参数（Named Calls and Anonymous Function Parameters）

函数的参数可用{}表示，参数列表必须符合函数定义中对参数的定义，顺序可任意，如下例所示：

```
pragma solidity ^0.4.0;
contract C {
    function f（uint key, uint value）public {
        // ...
    }
    function g（）public {
        //命名参数。
        f（{value: 2, key: 3}）;
    }
}
```

4）省略函数参数名

函数中不用的参数（尤其是返回值）可被省略，虽然这些参数仍然在堆栈中，但无法使用。

```
pragma solidity ^0.4.16;
contract C {
    // 省略函数参数名。
    function func（uint k, uint）public pure returns（uint）{
        return k;
    }
}
```

6.5.4 用 new 创建智能合约

用户可以在智能合约中用关键字 new 创建新的合约实例。待创建的合约必须已经定义。

```
pragma solidity ^0.4.0;
contract D {
    uint x;
```

```
        function D（uint a）public payable {
            x = a；
        }
    }
contract C {
        D d = new D（4）；// 会在合约C的构造函数中执行。
        function createD（uint arg）public {
            D newD = new D（arg）；
        }
        function createAndEndowD（uint arg，uint amount）public payable {
            // 创建的同时发送以太币。
            D newD =（new D）.value（amount）（arg）；
        }
    }
```

在上例中，可以用.value（）选项创建合约实例D并发送以太币，但不能定义gas值。如果创建失败，会抛出异常。

6.5.5 条件判断表达式的执行顺序

在Solidity中并没有明确定义条件判断表达式的执行顺序，但会保证条件判断表达式都会执行。条件判断表达式在做布尔运算时会做短路运算。

6.5.6 赋值运算

6.5.6.1 赋值运算及返回多个值

Solidity允许定义记录类型（tuple），所谓记录类型就是包含一系列不同类型对象的数据结构，每个记录类型的长度固定。记录可被用于返回多个返回值。如下例所示：

```
pragma solidity >0.4.23 <0.5.0；
contract C {
    uint［］data；
    function f（）public pure returns（uint，bool，uint）{
        return（7，true，2）；
    }
    function g（）public {
        // 把函数返回的记录值赋值给多个变量。
        （uint x，bool b，uint y）= f（）；
        // 数值互换-但不能用于非数值的storage存储类型变量。
        （x，y）=（y，x）；
```

//变量可被略去。

(data.length,) = f (); // Sets the length to 7

// 只有赋值语句左边才能略去变量。

// 一种特例意外：

(x,) = (1,);

// (1,) 是仅有的能用来定义只有一个元素的记录，因为 (1) 等于 1。

}

}

6.5.6.2 数组和结构体的赋值运算

对于非值类型的变量比如数组和结构体来说，赋值运算的定义就要复杂一些。给一个状态变量赋值通常会把这个值进行拷贝。给一个局部变量赋值则会复制一个基本类型的值，也即长为 32 个字节的静态类型。如果把一个结构体和数组（包括 bytes 和 string）由一个状态变量赋值给一个局部变量，这时局部变量只是引用了状态变量。当对此局部变量再赋值时，只会改变局部变量的引用，而不改变状态变量的值。如果对该局部变量的成员进行赋值，则状态变量对应的成员值也会被改变。

6.5.7 变量声明和作用域

每一个被声明的变量都有个初始值，通常初始值为 0。比如 bool 变量的初始值为 false。uint 和 int 的初始值为 0。对定长数组以及 bytes1 到 bytes32 的类型，其初始值会被设为其元素所对应类型的初始值。对变长数组以及 bytes 和 string，其初始值为空。通常函数中定义的变量其作用域为整个函数，与其具体在函数的哪个位置定义无关。关于作用域的规则，Solidity 完全承袭了 JavaScript 的规则。

注意：下例中会出现编译错误：

```
// 无法通过编译。
pragma solidity ^0.4.16;
contract ScopingErrors {
function scoping () public {
    uint i = 0;
    while (i++ < 1) {
        uint same1 = 0;
    }
    while (i++ < 2) {
        uint same1 = 0; // 非法，重复定义 same1。
    }
}
function minimalScoping () public {
    {
```

```
            uint same2 = 0；
        }
        {
            uint same2 = 0；// 非法，重复定义 same2
        }
    }
    function forLoopScoping（）public {
        for（uint same3 = 0；same3 < 1；same3++）{
            }
            for（uint same3 = 0；same3 < 1；same3++）{//非法，重复定义 same3
            }
        }
    }
```

此外，函数中的一个变量一旦被定义，就会在函数的起始部分被初始化。因此，下例中，尽管代码风格很差，但却是合法可以通过编译的：

```
pragma solidity ^0.4.0；
contract C {
    function foo（）public pure returns（uint）{
        //在这里，baz 被隐式初始化为 0。
        uint bar = 5；
        if（true）{
            bar += baz；
        } else {
            uint baz = 10；//这条语句永远不会执行。
        }
        return bar；// 返回值为 5。
    }
}
```

6.5.8 错误处理：Assert，Require，Revert 和 Exceptions

Solidity 通过回退状态的方式来处理错误。发生异常时会撤销当前的调用（及其所有的子调用）所改变的状态，同时给调用者返回一个错误标识。

Solidity 提供了两个函数 assert 和 require 来进行条件检查，如果条件不满足则抛出异常。assert 函数通常只用来检查内部错误，require 函数可用来检查输入变量或合约的状态变量是否满足条件，还可以验证合约调用的返回值是否有效。正确使用 assert，可以帮我们发现智能合约及函数调用中的错误。

除了 assert 和 require，还有另外两种方式可用来触发异常：revert 和 throw。revert

函数可以用来标记错误并退回当前调用。还可以用string定义出错时的信息并把错误信息返回给调用者。使用throw关键字也可以抛出异常（从 0.4.13 版本开始，throw关键字已被弃用，将来会被淘汰），但无法返回错误信息。

当子调用（sub-call）中发生异常时，异常会自动向上"冒泡"（异常会再次抛出）。不过也有一些例外：send和底层的函数调用call，delegatecall，callcode发生异常时，这些函数返回false，不抛出异常。

注意：如果从一个不存在的地址调用底层函数call，delegatecall和callcode，它们也会返回成功，所以我们在进行调用时，应该优先检查函数是否存在。在Solidity中，异常可以抛出但无法捕捉。

下面这个示例说明了如何使用require来检查输入条件，用assert检查内部错误：

```
pragma solidity ^0.4.22;
contract Sharer {
    function sendHalf（address addr）public payable returns（uint balance）{
        require（msg.value % 2 == 0，"Even value required."）;
        uint balanceBeforeTransfer = this.balance;
        addr.transfer（msg.value / 2）;
        // transfer调用会在调用失败时抛出异常而无法回调，我们将无法取回一半的金额。
        assert（this.balance == balanceBeforeTransfer − msg.value / 2）;
        return this.balance;
    }
}
```

下列场景会产生assert类型的异常：

（1）越界，或用负值下标访问数组，如 $i >= x.length$ 或 $i < 0$ 时访问 x［i］。

（2）序号越界，或用负值下标访问一个定长的 bytesN。

（3）被除数为0，如 5/0 或 23%/0。

（4）移位运算时所移位数为负值，如 5<<i；i为−1。

（5）将一个过大值或负值转为枚举类型。

（6）调用一个初始化为0的内部函数类型变量。

（7）调用 assert 的参数为 false。

下列场景会产生 require 类型的异常：

（1）调用 throw。

（2）调用 require 的参数为 false。

（3）用户通过消息调用一个函数，在调用的过程中，函数没有正确结束（gas不足，没有匹配到对应的函数，或被调用的函数抛出异常）。调用底层操作如 call，send，delegatecall 或 callcode 时除外，它们不会抛出异常，而通过返回 false 来表示失败。

（4）使用关键字new创建一个新合约时没有正常完成。

（5）通过外部函数调用合约时，合约未实现。

（6）合约用来接收以太币的public函数没有用payable修饰符（包括构造函数和回退函数）定义。

（7）合约通过一个public的getter函数（public getter函数）接收以太币。

（8）transfer（）执行失败。

当发生require类型异常时，Solidity会执行一个回退操作（指令0xfd）。当发生assert类型异常时，Solidity会执行一个无效操作（指令0xfe）。在上述两种情况下，EVM都会回撤所有状态的改变，这样设计是期望如果函数一旦执行，就正确地执行；一旦执行可能会出问题，就不再继续安全地执行，必须保证交易的原子性（一致性，要么全部执行，要么一点改变都没有，不能只改变一部分），所以一旦出现异常，就需要撤销所有的操作，让整个系统状态不受此失败交易的影响。

注意：assert类型的异常会消耗掉所有的gas，而require从大都会版本（Metropolis，即目前主网所用的版本）起不会消耗gas。

下例显示了如何与revert和require一起使用error字符串：

```
pragma solidity ^0.4.22;
contract VendingMachine {
    function buy（uint amount）payable {
        if（amount > msg.value / 2 ether）
            revert（"Not enough Ether provided."）;
        // 另一种方式：
        require(
            amount <= msg.value / 2 ether,
            "Not enough Ether provided."
        );
        // Perform the purchase.
    }
}
```

上例中如果错误是通过Error（string）函数调用产生的，则信息将会是ABI编码。revert（"Not enough Ether provided."）将会产生如下数据作为错误返回信息：

0x08c379a0 // Function selector for Error（string）

0x0000000000000000000000000000000000000000000000000000000000000020 // Data offset

0x000000000000000000000000000000000000000000000000000000000000001a // String length

0x4e6f7420656e6f7567682045746865722070726f76696465642e000000000000 // String data

（1）见下例，执行完语句"D d = new D（4）;"后 x 等于多少？

```
pragma solidity ^0.4.0;
contract D {
    uint x;
    function D（uint a）public payable {
        x = a;
    }
}
contract C {
    D d = new D（4）;
}
```

（2）下列合约能否通过编译？为什么？

```
pragma solidity ^0.4.16;
contract ScopingErrors {
    function scoping（）public {
        uint i = 0;
        while （i++ < 1）{
            uint same1 = 0;
        }
        while （i++ < 2）{
            uint same1 = 0;
        }
    }
}
```

（3）当发生 require 类型异常时，Solidity 会执行回退操作吗？为什么？

6.6 用 Solidity 创建智能合约

Solidity 中的智能合约类似其他面向对象编程语言中的类。智能合约中的状态变量存储的数据是永久的。其成员函数可以改变状态变量的值。当调用其他智能合约中的函数时，系统会进行上下文切换。

6.6.1 创建智能合约

智能合约实例可以通过以太坊交易从外部创建也可以从 Solidity 编写的合约内创建。当一个合约实例被创建时，它的构造函数会执行一次。构造函数是可选的，但只允许定义一个构造函数，不能重载构造函数，这一点和其他面向对象语言不同。

6.6.2　可见性和Getters

在Solidity中，有四种可见性关键字：external，public，internal和private。默认时函数可见性为public。对状态变量而言，不能用external来定义，其他三个都可以，状态变量默认的可见性为internal。

（1）external。关键字external定义的外部函数是合约的接口，可以被其他合约调用。外部函数f不能作为内部函数调用，也就是说f（）的调用方式不行，必须用this.f（）。

（2）public。关键字public定义的函数都是接口，可以被内部函数或外部消息调用。对用public定义的状态变量，系统会自动生成一个getter函数。

（3）internal。用关键字internal定义的函数和状态变量只能在（当前合约或当前合约派生的合约）内部进行访问。

（4）private。关键字private定义的函数和状态变量只对定义它的合约可见，该合约派生的合约都不能调用和访问该函数及状态变量。

注意：合约中每一个定义的变量对外部而言都是可见的。用关键字private定义的变量只是不让其他合约修改该变量，但其他合约仍然可以读取该变量的值。

当用可见性关键字定义状态变量时，关键字紧接在状态变量的类型后，当用其定义函数时，关键字紧接在函数后而放在参数列表前。如下例所示：

```
pragma solidity ^0.4.16;
contract C {
    function f（uint a）private pure returns（uint b）{ return a + 1; }
    function setData（uint a）internal { data = a; }
    uint public data;
}
```

下例中，合约D调用c.getData（）读取data的值，但不能调用函数f。合约E派生自C，因而可以调用函数compute。

```
// This will not compile
pragma solidity ^0.4.0;
contract C {
    uint private data;
    function f（uint a）private returns（uint b）{ return a + 1; }
    function setData（uint a）public { data = a; }
    function getData（）public returns（uint）{ return data; }
    function compute（uint a，uint b）internal returns（uint）{ return a+b; }
}
contract D {
    function readData（）public {
        C c = new C（）;
```

```
        uint local = c.f（7）; // error：member 'f ' is not visible
        c.setData（3）;
        local = c.getData（）;
        local = c.compute（3，5）; // error：member 'compute' is not visible
    }
}
contract E is C {
    function g（）public {
        C c = new C（）;
        uint val = compute（3，5）; // access to internal member（from derived to
parent contract）
    }
}
```

对于所有用public关键字定义的状态变量，编译器都会自动产生一个getter函数。在下例中，编译器会产生一个不带任何输入参数的函数data，data函数返回一个uint值。状态变量data在声明时被自动初始化：

```
pragma solidity ^0.4.0;
contract C {
    uint public data = 42;
}
contract Caller {
    C c = new C（）;
    function f（）public {
        uint local = c.data（）;
    }
}
```

getter函数有外部可见性。如果该变量或函数从内部调用（没有关键字this.）就会被视作状态变量，如果是被外部调用（带关键字this.），则被视作函数。

```
pragma solidity ^0.4.0;
contract C {
    uint public data;
    function x（）public {
        data = 3; // internal access
        uint val = this.data（）; // external access
    }
}
```

6.6.3　函数修饰符

函数修饰符可用于改变函数的语义和行为。修饰符是可被继承的，也可被派生合约重载。下面的实例展示了函数修饰符的用法：

```
pragma solidity ^0.4.22;
contract owned {
        function owned（）public { owner = msg.sender; }
        address owner;
        // 这个合约只定义了一个修饰符，但没有使用它。这个修饰符将在派生合约
中使用。
        // 在修饰符出现的带特殊字符'_; '的地方，插入了该函数的函数体。
        // 这意味着，如果 owner 调用该函数，函数会被执行，否则会抛出异常。
        modifier onlyOwner {
                require(
                msg.sender == owner,
                "Only owner can call this function."
                );
                _;
        }
}
contract mortal is owned {
        // 该合约自'owned'继承了'onlyOwner'修饰符，并用此修饰符修饰 close 函数，
        // 这样仅当 owner 调用 close 时才会起作用。
        function close（）public onlyOwner {
                selfdestruct（owner）;
        }
}
contract priced {
// 修饰符也可以接受参数。
        modifier costs（uint price）{
            if（msg.value >= price）{
                        _;
            }
        }
}
contract Register is priced，owned {
        mapping（address => bool）registeredAddresses;
```

```
    uint price;
    function Register（uint initialPrice）public { price = initialPrice；}
    // 这里必须使用'payable'关键字，否则函数会自动拒绝发送给它的以太币。
    function register（）public payable costs（price）{
    registeredAddresses［msg.sender］= true;
    }
    function changePrice（uint _price）public onlyOwner {
        price = _price;
    }
}
contract Mutex {
    bool locked;
    modifier noReentrancy（）{
        require(
            !locked,
            "Reentrant call."
        );
        locked = true;
        _;
        locked = false;
    }
    // 函数被 mutex 保护，这意味着'msg.sender.call'执行的重入调用。
    // 将不能再次调用函数'f'。
    //'return 7'语句把7赋值给返回值，
    // 但仍然在修饰符中执行'locked = false'语句。
    function f（）public noReentrancy returns（uint）{
    require（msg.sender.call（））;
    return 7;
    }
}
```

当多个修饰符用于修饰函数时，修饰符之间可用任何空白字符分隔，系统会依次解析这些修饰符。

当显式地从一个修饰符或函数体返回时，系统只会从当前修饰符或函数体返回。返回变量被赋值，系统继续执行上一个修饰符'_'之后的语句。

修饰符的参数可以是任意表达式，所有函数可见的变量修饰符亦可见。但修饰符中定义的变量函数不可见。

6.6.4 常量状态变量（Constant State Variables）

状态变量可用关键字 constant 定义。如果用 constant 定义，则该状态变量必须用一个常量来赋值。任何读取 storage 存储，区块链数据（比如 now，this.balance 或 block.number），执行数据（比如 msg.value 或 gasleft（））或调用外部合约的表达式都不能被用来给常量状态变量赋值。对内存分配有影响的表达式可以用来赋值，但对内存中对象可能有影响的表达式不能用来赋值。系统自带的函数比如 keccak256，sha256，ripemd160，ecrecover，addmod 和 mulmod 可以用来赋值。

编译器不会为常量状态变量分配 storage 存储空间。目前仅有值类型（Value Type）和字符串（String）支持常量状态变量，如下例所示：

```
pragma solidity ^0.4.0;
contract C {
    uint constant x = 32**22 + 8;
    string constant text = "abc";
    bytes32 constant myHash = keccak256（"abc"）;
}
```

6.6.5 函数

1）关键字 view 定义的函数

关键字 view 定义的函数，不能改变状态。

下列方式会改变状态：

（1）写状态变量。

（2）触发事件。

（3）创建新合约实例。

（4）使用 selfdestruct。

（5）通过调用发送以太币。

（6）调用非 view 和 pure 定义的函数。

（7）调用底层函数。

（8）调用包含特定操作码的内联汇编语句。

注意：在函数中使用关键字 constant 等同于使用关键字 view，但在 0.5.0 版本中会被淘汰。Getter 函数标记为 view。

如果使用某些显式类型强制转换，也可以在一个带关键字 view 的函数中改变状态变量。为了禁止这种操作，用户可以使用 pragma experimental "v0.5.0"; 指示编译器使用 STATICCALL 来调用函数，避免对以太坊虚拟机状态的改变。

编译器并不保证带 view 关键字的函数一定不被改变状态，如果这种情况下函数状态发生改变，编译器只会发出警告。

2）纯函数

函数可用关键字 pure 来定义，这时函数中的状态变量既无法读取也无法写入。下列情况视为对状态的读：

（1）读取状态。

（2）调用 this.balance 或 <address>.balance。

（3）调用成员 block，tx，msg（msg.sig 和 msg.data 除外）。

（4）调用非 pure 函数。

（5）执行包含操作码的内联汇编语句。

下例是个 pure 函数实例：

```
pragma solidity ^0.4.16;
contract C {
    function f (uint a, uint b) public pure returns (uint) {
        return a * (b + 42);
    }
}
```

如果使用某些显式类型强制转换，也可以在一个带关键字 pure 的函数中改变状态变量。为了禁止这种操作，用户可以使用 pragma experimental "v0.5.0"; 指示编译器使用 STATICCALL 来调用函数，避免对以太坊虚拟机状态的改变。

注意：无法杜绝在以太坊虚拟机中通过函数调用读取状态，只能杜绝函数对状态的写入（view 可被强制生效，pure 不行）。

3）回退函数（Fallback Function）

一个合约可以且仅可以有一个不命名的函数。这个函数可以不带任何参数，也可以不带返回值。当某个调用发现合约所有的命名函数都不匹配或者不含任何参数的函数被调用时，这个不命名的函数就会被调用。

另外，当合约收到以太币，但没有收到任何输入参数时，不命名的函数也会被执行。为了让回退函数接受以太币，必须使用关键字 payable，否则合约无法通过正常的交易接收以太币。

在最坏的情况下，回退函数只有 2 300gas 可用，在这种情况下，由于 gas 的限制，合约执行其他操作（logging 操作除外）的余地就很小了。下列操作所消耗的 gas 都超过 2 300：

（1）对 storage 存储的写操作。

（2）创建新合约实例。

（3）调用一个会大量消耗 gas 的外部函数。

（4）发送以太币。

注意：尽管回退函数不含任何输入参数，用户仍然可以用 msg.data 得到调用的输入信息（payload）。如果合约直接接收到以太币（不通过 send 或 transfer 函数调用），但却没有定义回退函数，合约会抛出异常，并退回收到的以太币。因此想让合约正常收到以太币，必须定义一个回退函数。如果合约没有用payable定义的回退函数，也能收到以太币，但是是以coinbase交易（Coinbase Transaction）的方式收到或者是以selfdestruct的方式收到，这种情况下，合约无法拒绝这笔付款。这是以太坊虚拟机强制的机制。这意味着this.balance得到的余额可能比合约中用其他方式计算（比如在回退函数中有个计数器专门负责记录余额）得到的余额要多。

见下例所示：

```
pragma solidity ^0.4.0;
contract Test {
    // 每当此合约接收到到外部消息调用时，这个函数就会被调用
    // 给此合约发送以太币会抛出异常，因为其回退函数没有用"payable"定义
    function () public { x = 1; }
    uint x;
}
// 此合约将保留所有发送给它的以太币，并且这些以太币无法被取回
contract Sink {
    function () public payable { }
}
contract Caller {
    function callTest (Test test) public {
        test.call (0xabcdef01);
        // 哈希值不存在，导致 test.x becoming == 1
        // 下面语句无法通过编译，因此就算有交易发送以太币给合约，交易也
        会失败
        // 并退回收到的以太币
        //test.send (2 ether);
    }
}
```

4）函数重载（Function Overloading）

在智能合约内可以对函数进行重载，但必须使用不同的参数，对派生类中的函数重载也是这样。下例显示了如何在合约A的作用域内重载函数f：

```
pragma solidity ^0.4.16;
contract A {
    function f (uint _in) public pure returns (uint out) {
        out = 1;
    }
    function f (uint _in, bytes32 _key) public pure returns (uint out) {
        out = 2;
```

```
        }
    }
```

用户也可以在外部接口中对函数进行重载。但如果两个可被外部调用的重载函数仅仅只是在 Solidity 语言中定义不同而外部类型却相同，将无法通过编译。如下例所示：

```
// This will not compile
pragma solidity ^0.4.16;
contract A {
    function f (B _in) public pure returns (B out) {
        out = _in;
    }
    function f (address _in) public pure returns (address out) {
        out = _in;
    }
}
contract B {
}
```

这两个重载函数尽管输入参数和返回值不同，但实际上最终都把地址类型作为输入参数，因此无法通过编译。

系统在调用函数时，会根据其输入参数（或经过隐式转换后的输入参数）来判断该选择哪个重载函数。如果找不到匹配的函数，则调用失败。

注意：返回值不作为重载函数的选择标准。见下例：

```
pragma solidity ^0.4.16;
contract A {
    function f (uint8 _in) public pure returns (uint8 out) {
        out = _in;
    }
    function f (uint256 _in) public pure returns (uint256 out) {
        out = _in;
    }
}
```

在上例中，当调用 f (50) 时会出现类型错误，因为 50 既可被隐式转换为 uint8 也可被隐式转换为 uint256。如果调用 f (256) 则会调用 f (uint256) 函数，因为 256 隐式转换后只能转换为 uint256，不能转换为 uint8。

6.6.6 事件（Events）

事件是以太坊虚拟机日志工具的接口。事件可在 DAPP 中用来调用 JavaScript 的回调函数（Callback Function）。

事件是合约中可继承的成员。当事件被调用时，相关数据会被存储在交易的日志（区块链的一个特殊数据结构）中。这些日志和合约的地址相关联，并会被记录到区块链中。日志和事件无法从合约（甚至是创建事件的合约）中调用。

如果外部调用能提供SPV证明给某合约，就可以查询其对应的日志是否存在于区块链中。有三个参数可以用属性indexed来查询。所有非indexed的参数都会被存在日志的数据部分。

也可通过底层调用读取日志信息，比如：log0，log1，log2，log3和log4。函数logi的输入参数为i+1个bytes32类型的数。其中第一个参数被作为日志的数据部分，而其余的参数会被作为日志的主题部分。如下例所示：

```
pragma solidity ^0.4.10;
contract C {
    function f（）public payable {
        bytes32 _id = 0x420042;
        log3(
            bytes32（msg.value），
            bytes32
            0x50cb9fe53daa9737b786ab3646f04d0150dc50ef4e75f59509d83667ad5adb20），
            bytes32（msg.sender），
            _id
        );
    }
}
```

上例中一长串的16进制数等于事件的签名 "keccak256（"Deposit（address，bytes32，uint256）"）"。

6.6.7 继承（Inheritance）

Solidity语言支持多重继承和多态。

在Solidity中所有的函数调用最后实际上都调用的是派生类的函数，除非在调用时被显式指明。

当一个合约继承了多个合约时，在区块链中实际上只有一个合约被创建，所有基类合约的代码都会被拷贝到区块链实际创建的继承类合约中。Solidity的继承机制与Python非常相似，尤其在多重继承方面。详见下例所示：

```
pragma solidity ^0.4.22;
contract owned {
    constructor（）{ owner = msg.sender; }
    address owner;
```

```
}
// Use 'is' to derive from another contract. Derived
// contracts can access all non-private members including
// internal functions and state variables. These cannot be
// accessed externally via 'this', though
contract mortal is owned {
    function kill () {
        if (msg.sender == owner) selfdestruct (owner);
    }
}
// These abstract contracts are only provided to make the
// interface known to the compiler. Note the function
// without body. If a contract does not implement all
// functions it can only be used as an interface.
contract Config {
    function lookup (uint id) public returns (address adr);
}
contract NameReg {
    function register (bytes32 name) public;
    function unregister () public;
}
// Multiple inheritance is possible. Note that 'owned' is
// also a base class of 'mortal', yet there is only a single
// instance of 'owned' (as for virtual inheritance in C++).
contract named is owned, mortal {
    constructor (bytes32 name) {
    Config config = Config (0xD5f9D8D94886E70b06E474c3fB14Fd43E2f23970);
    NameReg (config.lookup (1)) .register (name);
    }


// Functions can be overridden by another function with the same name and
// the same number/types of inputs. If the overriding function has different
// types of output parameters, that causes an error.
// Both local and message-based function calls take these overrides
// into account.
    function kill () public {
        if (msg.sender == owner) {
```

Config config = Config（0xD5f9D8D94886E70b06E474c3fB14Fd43E2f23970）;

NameReg（config.lookup（1））.unregister（）;

// It is still possible to call a specific

// overridden function.

mortal.kill（）;

        }

    }

}

// If a constructor takes an argument，it needs to be

// provided in the header（or modifier-invocation-style at

// the constructor of the derived contract（see below））.

contract PriceFeed is owned，mortal，named（"GoldFeed"）{

    function updateInfo（uint newInfo）public {

        if（msg.sender == owner）info = newInfo;

    }

    function get（）public view returns（uint r）{ return info; }

    uint info;

}

注意，在上例中，mortal.kill（）提前调用了析构函数，这种用法会有潜在风险。再看下一例：

pragma solidity ^0.4.22;

contract owned {

    constructor（）public { owner = msg.sender; }

    address owner;

}

contract mortal is owned {

    function kill（）public {

        if（msg.sender == owner）selfdestruct（owner）;

    }

}

contract Base1 is mortal {

    function kill（）public { /* do cleanup 1 */ mortal.kill（）; }

}

contract Base2 is mortal {

    function kill（）public { /* do cleanup 2 */ mortal.kill（）; }

}

contract Final is Base1，Base2 {

```
        }
```
　　Final.kill（）将会调用 Base2.kill，这个调用会绕过 Base1.kill，如果不想绕过，则要用关键字 super。见下例所示：

```
pragma solidity ^0.4.22;
contract owned {
    constructor（）public { owner = msg.sender; }
    address owner;
}
contract mortal is owned {
    function kill（）public {
    if（msg.sender == owner）selfdestruct（owner）;
    }
}
contract Base1 is mortal {
    function kill（）public { /* do cleanup 1 */ super.kill（）; }
}
contract Base2 is mortal {
    function kill（）public { /* do cleanup 2 */ super.kill（）; }
}
contract Final is Base1，Base2 {
}
```

　　这时如果 Base2 调用用 super 定义的函数，不仅会调用其基类合约（Base Contract），还会调用其继承关系里的其他基类合约，也就是说还会调用 Base1.kill（）（注意，其继承关系如下：Final，Base2，Base1，mortal，owned）。

　　1）构造函数

　　构造函数是可选的，由关键字 constructor 定义。构造函数在合约创建时被调用执行。构造函数可以被定义为 public 或 internal。如果合约没有构造函数，则系统自动创建一个构造函数：constructor（）public{}。见下例所示：

```
pragma solidity ^0.4.22;
contract A {
    uint public a;
    constructor（uint _a）internal {
        a = _a;
    }
}
contract B is A（1）{
    constructor（）public {}
```

}

被定义为internal的构造函数会让其智能合约被系统标注为abstract。

2）基类构造函数的参数

所有基类合约的构造函数都要遵循线性化规则被调用。如果基类构造函数有输入参数，则其继承类合约的构造函数也必须定义这些输入参数。见下例所示：

```
pragma solidity ^0.4.22;
contract Base {
    uint x;
    constructor（uint _x）public { x = _x; }
}
contract Derived1 is Base（7）{
    constructor（uint _y）public {}
}
contract Derived2 is Base {
    constructor（uint _y）Base（_y * _y）public {}
}
```

在上例中，其中一个方法是在继承列表里如 is Base（7）那样；另一个方法是在继承合约的构造函数中如Base（_y * _y）那样。如果构造函数的参数是个常数，则第一个方法更简单；如果基类合约构造函数的参数依赖继承类构造函数的参数，则必须用第二种方法。总之，参数要么在继承列表中，要么在继承类构造函数中像修饰符那样被定义，但不用在两个地方同时被定义。如果继承合约不对其基类合约函数的参数进行定义，则被视为abstract。

3）多重继承和线性化

在支持多重继承方面，Solidity 和 Python 一样采用的是"C3 线性化"（C3 Linearization）规则。编写合约排列继承顺序是从最基础的合约到最后继承的合约。这个顺序和Python不同。在下例中，编译会报错：

```
// This will not compile
pragma solidity ^0.4.0;
contract X {}
contract A is X {}
contract C is A，X {}
```

在这个例子中，合约C要求X覆盖A，但A的定义又要求A覆盖X，两相冲突，无法通过编译。

4）合约的多个成员同名

当继承的合约出现函数和修饰符同名时，会被系统视为错误。同理如果事件和修饰符同名或者函数与事件同名也都会被视为错误。但有一个例外，状态变量的getter函数可以同名重载一个public函数。

6.6.8 抽象合约（Abstract Contracts）

合约中当有至少一个函数没有实现时即被视为抽象合约。这一点类似其他面向对象编程语言如C++。如下例所示：

```
pragma solidity ^0.4.0;
contract Feline {
    function utterance（）public returns（bytes32）;
}
```

抽象合约不能通过编译，只能作为基类合约被继承。如下例所示：

```
pragma solidity ^0.4.0;
contract Feline {
    function utterance（）public returns（bytes32）;
}
contract Cat is Feline {
    function utterance（）public returns（bytes32）{ return "miaow"；}
}
```

如果一个合约继承自基类合约，但却没有实现基类合约中所有未实现的函数，则此合约也被视为一个基类合约。

6.6.9 接口（Interfaces）

接口类似于抽象合约，但接口中不允许函数实现，除此以外，还有以下限制：
（1）不能继承其他合约或接口。
（2）不能定义构造函数。
（3）不能定义变量。
（4）不能定义结构体类型。
（5）不能定义枚举类型。

在未来的版本中，某些限制可能被取消。接口由关键字interface定义，如下例所示：

```
pragma solidity ^0.4.11;
interface Token {
    function transfer（address recipient，uint amount）public;
}
```

合约可以继承接口。

6.6.10 库（Libraries）

库类似合约，但库只在某个地址发布一次，库可以被DELEGATECALL重用，也就是说，如果某个合约调用了库，那么库代码将在那个合约内被执行。库是独立于合约的代码，因此，库代码只能访问合约中存储于storage中的状态变量。如果库函数不改变任何状态，那么它必须被直接调用（不用DELEGATECALL），因为库被视作是没有状态的。

对调用库函数的合约来说，库可被视为是它的隐式基类合约。虽然库不会出现在调用它的合约的继承列表中，但调用库函数实际上非常像显式调用基类合约的函数。另外，库中用internal定义的函数对所有合约皆可见，这也类似于基类合约与继承合约之间的关系。下例显示了如何使用库：

```
pragma solidity ^0.4.22;
library Set {
    // We define a new struct datatype that will be used to
    // hold its data in the calling contract.
    struct Data { mapping（uint => bool）flags; }
    // Note that the first parameter is of type "storage
    // reference" and thus only its storage address and not
    // its contents is passed as part of the call. This is a
    // special feature of library functions. It is idiomatic
    // to call the first parameter `self`, if the function can
    // be seen as a method of that object.
    function insert（Data storage self, uint value）
        public
        returns（bool）
    {
        if（self.flags［value］）
            return false; // already there
        self.flags［value］= true;
        return true;
    }
    function remove（Data storage self, uint value）
        public
        returns（bool）
    {
        if（!self.flags［value］）
            return false; // not there
        self.flags［value］= false;
        return true;
    }
    function contains（Data storage self, uint value）
```

```
            public

            view

            returns（bool）

    {

            return self.flags［value］;

    }

}

contract C {

    Set.Data knownValues;

    function register（uint value）public {

        // The library functions can be called without a

        // specific instance of the library，since the

        // "instance" will be the current contract.

        require（Set.insert（knownValues，value））;

    }

    // In this contract，we can also directly access knownValues.flags

    //if we want.

}
```

这个例子只是使用库的参考，读者不必完全照搬。Set.contains，Set.insert，Set. remove在编译时都会被编译为（DELEGATECALL）调用一个外部合约/库。因此，在调用库时，一定要注意实际上系统是进行了外部函数调用。但在这个过程中，msg. sender，msg.value和this会保持它们的值不变（在Homestead之前，它们的值会变）。

下例展示了如何使用库中的memory内存类型数据和内部函数来实现自定义类型。

```
pragma solidity ^0.4.16;

library BigInt {

    struct bigint {

        uint［］limbs;

    }

    function fromUint（uint x）internal pure returns（bigint r）{

        r.limbs = new uint［］（1）;

        r.limbs［0］= x;

    }

    function add（bigint _a，bigint _b）internal pure returns（bigint r）{

        r.limbs = new uint［］（max（_a.limbs.length，_b.limbs.length））;

        uint carry = 0;

        for（uint i = 0; i < r.limbs.length; ++i）{

            uint a = limb（_a，i）;
```

```
            uint b = limb （_b, i）;
            r.limbs ［i］ = a + b + carry;
            if （a + b < a || （a + b == uint （-1） && carry > 0）)
                    carry = 1;
            else
                    carry = 0;
    }
    if （carry > 0） {
        // too bad, we have to add a limb.
        uint ［］ memory newLimbs = new uint ［］ （r.limbs.length + 1）;
        for （i = 0; i < r.limbs.length; ++i）
        newLimbs ［i］ = r.limbs ［i］;
        newLimbs ［i］ = carry;
        r.limbs = newLimbs;
        }
    }
    function limb （bigint _a, uint _limb） internal pure returns （uint） {
        return _limb < _a.limbs.length ? _a.limbs ［_limb］: 0;
    }
    function max （uint a, uint b） private pure returns （uint） {
        return a > b ? a : b;
    }
}
contract C {
    using BigInt for BigInt.bigint;
    function f （） public pure {
        var x = BigInt.fromUint （7）;
        var y = BigInt.fromUint （uint （-1） ）;
        var z = x.add （y）;
    }
}
```

由于编译器不知道库会被部署在什么地址，这些地址必须在链接的时候填入字节码，如果不提供地址，编译器的十六进制码就会包含类似_set__（这里 set 是库的名称）的标识，然后需要手动把地址填写进去，用库所在地址的十六进制码取代这些（40个符号）标识。

与合约相比，库有下列限制：

（1）没有状态变量。

（2）不能继承或被继承。

（3）不能接收以太币。

如果调用的库函数不是 pure 或 view，并且调用时用 CALL 而不是用 DELEGATECALL 或 CALLCODE，状态会回退。

以太坊虚拟机没有办法让合约查到是否是被 CALL 调用的，但合约能用 ADDRESS 操作码查看当前运行的地址，然后把当前运行的地址和合约创建时的地址进行比较就能看出是被谁调用的。

6.6.11 Using For 指令

指令"using A for B；"可以把库 A 的函数附在类型 B 上，这时库 A 的函数会知道对其调用的合约实例，并把该合约实例作为函数的第一个参数（类似 Python 中的 self 变量）。

如果使用指令"using A for *；"，其效果就相当于把库 A 的函数附在任何类型上。在使用这个指令时，系统会进行类型检查并且会进行函数重载的操作。

指令"using A for B；"的作用域为当前合约，在未来的 Solidity 版本中会被扩展为全局作用域。这样如果一个合约包含了一个模块，那么模块的数据及库函数就完全对合约可见。如下例所示：

```
pragma solidity ^0.4.16；
// This is the same code as before， just without comments.
library Set {
    struct Data { mapping （uint => bool） flags； }
    function insert （Data storage self， uint value）
        public
        returns （bool）
    {
        if （self.flags ［value］ ）
        return false； // already there
        self.flags ［value］ = true；
        return true；
    }
    function remove （Data storage self， uint value）
        public
        returns （bool）
    {
        if （!self.flags ［value］ ）
        return false； // not there
        self.flags ［value］ = false；
```

```
            return true;
        }
        function contains（Data storage self，uint value）
            public
            view
            returns（bool）
        {
            return self.flags［value］;
        }
}
contract C {
    using Set for Set.Data；// this is the crucial change
    Set.Data knownValues；
    function register（uint value）public {
        // Here，all variables of type Set.Data have
        // corresponding member functions.
        // The following function call is identical to
        // 'Set.insert（knownValues，value）'
        require（knownValues.insert（value））;
    }
}
```

也可以把基本数据类型进行扩展，如下例所示：

```
pragma solidity ^0.4.16；
library Search {
    function indexOf（uint［］storage self，uint value）
        public
        view
        returns（uint）
    {
        for（uint i = 0；i < self.length；i++）
        if（self［i］== value）return i;
        return uint（-1）;
    }
}
contract C {
    using Search for uint［］;
    uint［］data;
```

```
function append（uint value）public {
    data.push（value）;
}
function replace（uint _old，uint _new）public {
    // This performs the library function call
    uint index = data.indexOf（_old）;
    if（index == uint（-1））
        data.push（_new）;
    else
        data［index］= _new;
}
}
```

注意：所有对库的调用实际上都是以太坊虚拟机的函数调用，这意味着如果调用时传送的是 memory 内存类型或值类型，会进行变量的值拷贝（包括 self 变量）。只有当传送 storage 存储类型的引用变量时，才不进行值拷贝。

>>>> **问题与思考**

（1）状态变量能用 external 定义吗？

（2）对于用 private 关键字定义的函数和状态变量，它所在的合约有派生合约，则派生的合约能访问该函数和状态变量吗？

（3）下列合约能否通过编译？为什么？

```
pragma solidity ^0.4.0;
contract C {
    uint private data;
    function f（uint a）private returns（uint b）{ return a + 1; }
}
contract D {
    function readData（）public {
    C c = new C（）;
    uint local = c.f（7）;
}
```

（4）函数修饰符能否被继承？

（5）下列语句能否通过编译？为什么？

```
uint i = 8;
uint constant x = i;
```

（6）没有用 payable 定义的回退函数能否接受以太币？

（7）下列函数中函数 2 和函数 3，哪个是对函数 1 的重载？

```
contract A {
    //函数 1
    function f (uint _in) public pure returns (uint out) {
        out = 1;
    }
    //函数 2
    function f (uint _in, bytes32 _key) public pure returns (uint out) {
        out = 2;
    }
    //函数 3
    function f (uint _in) public pure returns (uint out) {
        out = 3;
    }
}
```

（8）下列两个合约谁继承自谁？

```
pragma solidity ^0.4.22;
contract owned {
    constructor () { owner = msg.sender; }
    address owner;
}
contract mortal is owned {
    function kill () {
        if (msg.sender == owner) selfdestruct (owner);
    }
}
```

（9）下列 Derived1 和 Derived2 这两个合约哪个是对 Base 的正确继承？

```
pragma solidity ^0.4.22;
contract Base {
uint x;
    constructor (uint _x) public { x = _x; }
}
contract Derived1 is Base (7) {
    constructor (uint _y) public {}
}
contract Derived2 is Base {
    constructor () Base (_y * _y) public {}
}
```

（10）下列合约能否通过编译？为什么？

pragma solidity ^0.4.0;

contract Feline {

    function utterance（）public returns （bytes32）;

}

（11）下列合约能否通过编译？为什么？

pragma solidity ^0.4.11;

interface Token {

    function transfer（address recipient，uint amount）public {

    }

}

● 6.7 Solidity 汇编语言

Solidity 定义了一套汇编语言，这套语言可以独立于 Solidity 单独使用。这套汇编语言可以嵌在 Solidity 的源代码内作为内联汇编语言使用。

在编写库时，为了更好地控制和提高语言的效率，可以用虚拟机很容易解析的内联汇编语言和 Solidity 一起使用。虽然以太坊虚拟机是基于堆栈的，但要正确地处理堆栈并给操作码输入合适的参数也不容易。Solidity 的内联汇编语言就很好地处理了这些问题。它有下列这些特性：

——类函数风格的操作码：mul（1，add（2，3））而不是 push1 3 push1 2 add push1 1 mul。

——局部汇编变量：let x：= add（2，3）let y：= mload（0x40）x：= add（x，y）。

——访问外部变量：function f（uint x）public { assembly { x：= sub（x，1）} }。

——标签（label）：let x：= 10 repeat：x：= sub（x，1）jumpi（repeat，eq（x，0））。

——循环：for { let i：= 0 } lt（i，x）{ i：= add（i，1）} { y：= mul（2，y）}。

——if语句：if slt（x，0）{ x：= sub（0，x）}。

——switch语句：switch x case 0 { y：= mul（x，2）} default { y：= 0 }。

——函数调用：function f（x）-> y { switch x case 0 { y：= 1 } default { y：= mul（x，f（sub（x，1）））} }。

注意：内联汇编语言是直接和以太坊虚拟机交互的低级语言，为了效率牺牲了部分安全性能。

实际上，内联汇编语言也可以脱离 Solidity 单独作为 Solidity 编译器的汇编语言使用，而且这也是其原本的规划。这样做主要是希望达到下面三个目的：

——用汇编语言写的程序要有可读性，甚至对由用 Solidity 编写而经过编译器产生的汇编码都是如此。

——从汇编再转换为字节码（Bytecode）的过程应该尽量平滑，变化尽量小。

——汇编语言写的代码的控制流程应该容易检查和审阅，以便对代码进行验证和优化。

关于 Solidity 汇编语言的更多细节可参考：https：//solidity.readthedocs.io/en/v0.4.24/assembly.html#。

>>>>　问题与思考

Solidity 的汇编语言可以独立于 Solidity 使用吗？

● 6.8　Solidity 编码风格

本节所罗列的一些条款是 Solidity 中约定俗成的规则，随着新版本 Solidity 的推出，未来还会有更多的规范加入进来。Solidity 中的很多风格和规范都借鉴自 Python 的 pep 8 编码风格。这些风格和规范并不要求每一个程序员都一成不变地遵循，而是指导程序员写出的代码在风格上前后一致。

6.8.1　代码布局

1）缩进格式

每次缩进四个空格。

2）跳格（Tab）和空格（Space）

建议使用空格缩进，尽量避免跳格与空格混用。

3）空行

定义的首行与上一行之间空两行。如下例所示。

推荐风格：

```
contract A {

...

}

contract B {

...

}

contract C {

...

}
```

不推荐风格：

```
contract A {

...

}
```

```
contract B {

...

}
contract C {

...

}
```

函数之间应该有空行，同类型的单行定义表达式之间不空行。

推荐风格：

```
contract A {
    function spam （） public；
    function ham （） public；
}
contract B is A {
    function spam （） public {
        ...
    }
    function ham （） public {
        ...
    }
}
```

不推荐风格：

```
contract A {
    function spam （） public {
        ...
    }
    function ham （） public {
        ...
    }
}
```

4）每行最大长度

建议每行最大长度为79（或99）个字符。

如果一行写不下完整的代码，推荐遵循下列四个规则：

——括号中的第一个参数另起一行，不要跟随起始括号。

——只缩进一次。

——每个参数单独一行。

——终止符"）;"单独一行。

见下例函数调用。

推荐风格：

```
thisFunctionCallIsReallyLong(
    longArgument1,
    longArgument2,
    longArgument3
);
```

不推荐风格：

```
thisFunctionCallIsReallyLong (longArgument1,
                              longArgument2,
                              longArgument3);
thisFunctionCallIsReallyLong(
        longArgument1,
        longArgument2,
        longArgument3
);
thisFunctionCallIsReallyLong(
longArgument1, longArgument2,
longArgument3
);
thisFunctionCallIsReallyLong(
longArgument1,
longArgument2,
longArgument3
);
thisFunctionCallIsReallyLong(
    longArgument1,
    longArgument2,
    longArgument3);
```

见下例赋值语句：

推荐风格：

```
thisIsALongNestedMapping[being][set][to_some_value] = someFunction(
    argument1,
    argument2,
    argument3,
    argument4
);
```

不推荐风格：

```
thisIsALongNestedMapping［being］［set］［to_some_value］=
someFunction（argument1,
                argument2,
                argument3,
                argument4）;
```

见下例事件定义和事件触发:

推荐风格:

```
event LongAndLotsOfArgs(
    adress sender,
    adress recipient,
    uint256 publicKey,
    uint256 amount,
    bytes32 ［］ options
);
LongAndLotsOfArgs(
    sender,
    recipient,
    publicKey,
    amount,
    options
);
```

不推荐风格:

```
event LongAndLotsOfArgs（adress sender,
                        adress recipient,
                        uint256 publicKey,
                        uint256 amount,
                        bytes32 ［］ options);
LongAndLotsOfArgs（sender,
                    recipient,
                    publicKey,
                    amount,
                    options);
```

5）源码编码规范

推荐使用 UTF-8 或 ASCII 编码。

6）导入操作（Import）

Import 语句建议放在文件头。

推荐风格:

```
import "owned";
contract A {
...
}
contract B is owned {
    ...
}
```

不推荐风格：
```
contract A {
    ...
}
import "owned";
contract B is owned {
    ...
}
```

7）函数排序

良好的函数排序能让用户对该调用什么函数，该怎么调用函数一目了然。建议函数的排序按照其可见性归类，通常顺序如下：构造函数（Constructor）、回退函数（Fallback Function）（如果有）、外部函数（External）、公共函数（Public）、内部函数（Internal）和私有函数（Private）。在同一类函数中，用关键字 view 和 pure 定义的函数放末尾。

推荐风格：
```
contract A {
function A（）public {
    ...
}
function（）public {
    ...
}
// External functions
// ...
// External functions that are view
// ...
// External functions that are pure
// ...
// Public functions
// ...
```

```
// Internal functions
// ...
// Private functions
// ...
}
```

不推荐风格：

```
contract A {
// External functions
// ...
// Private functions
// ...
// Public functions
// ...
function A（）public {
    ...
}
function（）public {
    ...
}
// Internal functions
// ...
}
```

8）表达式中的空格

在下列情形中，尽量避免多余的空格。

紧挨括号，不用空格，单行函数定义除外。

推荐风格：

```
spam（ham［1］, Coin（{name："ham"}））;
```

不推荐风格：

```
spam（ham［1］, Coin（{ name："ham" }））;
```

下例例外：

```
function singleLine（）public { spam（）; }
```

分号、逗号前不要空格。

推荐风格：

```
function spam（uint i, Coin coin）public;
```

不推荐风格：

```
function spam（uint i , Coin coin）public ;
```

不用为了对齐，填充空格。

推荐风格：

x = 1；

y = 2；

long_variable = 3；

不推荐风格：

x   = 1；

y   = 2；

long_variable = 3；

回退函数不要加空格。

推荐风格：

function（）public {

    ...

}

不推荐风格：

function（）public {

    ...

}

9）控制结构

标识合约，函数和结构体的花括号尽量遵循下列规则：

——起始括号和函数定义在同一行。

——末尾括号单独一行，和定义起始对齐。

——起始括号前留一个空格。

推荐风格：

contract Coin {

    struct Bank {

        address owner；

        uint balance；

    }

}

不推荐风格：

contract Coin

{

    struct Bank {

        address owner；

        uint balance；

    }

}

此规则适用于if，else，while和for语句。

另外，在if，while，for关键字后和条件表达式的起始括号之前留一个空格，同时在条件表达式的末尾括号和花括号之间留一个空格。

推荐风格：

```
if（...）{
    ...
}
for（...）{
    ...
}
```

不推荐风格：

```
if（...）
{
    ...
}
while（...）{
}
for（...）{
...；}
```

在流程控制语句中，如果语句只有一行，可以省略括号。

推荐风格：

```
if（x < 10）
    x += 1;
```

不推荐风格：

```
if（x < 10）
someArray.push（Coin（{
    name：'spam',
    value：42
}））;
```

如果if语句含有else或else if部分，else应该和if语句的末尾花括号同一行。

推荐风格：

```
if（x < 3）{
    x += 1;
} else if（x > 7）{
    x -= 1;
} else {
    x = 5;
```

```
}
if（x < 3）
    x += 1；
else
    x -= 1；
```

不推荐风格：

```
if（x < 3）{
    x += 1；
}
else {
    x -= 1；
}
```

10）函数定义

如果函数定义比较短，建议函数体的起始花括号和函数定义在同一行，且起始花括号前留一个空格。函数体的末尾花括号和函数定义的起始位置对齐。

推荐风格：

```
function increment（uint x）public pure returns（uint）{
    return x + 1；
}
function increment（uint x）public pure onlyowner returns（uint）{
    return x + 1；
}
```

不推荐风格：

```
function increment（uint x）public pure returns（uint）
{
    return x + 1；
}
function increment（uint x）public pure returns（uint）{
    return x + 1；
}
function increment（uint x）public pure returns（uint）{
    return x + 1；
    }
function increment（uint x）public pure returns（uint）{
    return x + 1； }
```

对于函数和构造函数，应该显式地标明其可见性。

推荐风格：

```
function explicitlyPublic （uint val） public {
    doSomething （）;
}
```

不推荐风格：

```
function implicitlyPublic （uint val） {
    doSomething （）;
}
```

可见性修饰符应该放在所有其他修饰符之前。

推荐风格：

```
function kill （） public onlyowner {
    selfdestruct （owner）;
}
```

不推荐风格：

```
function kill （） onlyowner public {
    selfdestruct （owner）;
}
```

对于定义比较长的函数，建议函数的每一个输入参数独占一行并且采取一致的缩进，参数末尾的括号以及函数体的起始花括号也各自独占一行，且与函数定义的起始位置对齐。

推荐风格：

```
function thisFunctionHasLotsOfArguments(
    address a,
    address b,
    address c,
    address d,
    address e,
    address f
)
    public
{
    doSomething （）;
}
```

不推荐风格：

```
function thisFunctionHasLotsOfArguments （address a, address b,
    address c,
    address d, address e, address f） public {
```

```
    doSomething（）；
}
function thisFunctionHasLotsOfArguments（address a,
                                        address b,
                                        address c,
                                        address d,
                                        address e,
                                        address f）public {
    doSomething（）；
}
function thisFunctionHasLotsOfArguments(
    address a,
    address b,
    address c,
    address d,
    address e,
    address f）public {
    doSomething（）；
}
```

如果一个定义较长的函数有修饰符，则建议每个修饰符单独占一行。

推荐风格：

```
function thisFunctionNameIsReallyLong（address x, address y,
                                        address z）
    public
    onlyowner
    priced
    returns （address）
{
    doSomething （）；
}
function thisFunctionNameIsReallyLong(
    address x,
    address y,
    address z,
)
    public
    onlyowner
```

```
        priced
        returns （address）
{
        doSomething （）；
}
```

不推荐风格：

```
function thisFunctionNameIsReallyLong （address x，address y，
                                        address z）
                        public
                        onlyowner
                        priced
                        returns （address） {
        doSomething （）；
}
function thisFunctionNameIsReallyLong （address x，address y，address z）
        public onlyowner priced returns （address）
{
        doSomething （）；
}
function thisFunctionNameIsReallyLong （address x，address y，address z）
        public
        onlyowner
        priced
        returns （address） {
        doSomething （）；
}
```

如果函数有多个返回值，其风格与"每行最大长度"中建议的规则相同。

推荐风格：

```
function thisFunctionNameIsReallyLong(
        address a，
        address b，
        address c
)
        public
returns （
        address someAddressName，
        uint256 LongArgument，
```

```
    uint256 Argument
)
{
doSomething（）
return（
    veryLongReturnArg1,
    veryLongReturnArg2,
    veryLongReturnArg3
  );
}
```

不推荐风格:

```
function thisFunctionNameIsReallyLong(
address a,
address b,
address c
)
public
returns（address someAddressName,
uint256 LongArgument,
uint256 Argument）
{
    doSomething（）
    return（veryLongReturnArg1,
    veryLongReturnArg1,
    veryLongReturnArg1）;
}
```

对于继承自基类合约的继承合约, 如果基类合约中的构造函数有输入参数, 则在定义其继承合约的构造函数时, 把每个基类合约的构造函数单独放一行。

推荐风格:

```
contract A is B, C, D {
function A（uint param1, uint param2, uint param3, uint param4, uint param5）
        B（param1）
        C（param2, param3）
        D（param4）
        public
    {
        // do something with param5
```

```
        }
    }
```

不推荐风格：

```
contract A is B，C，D {
    function A （uint param1，uint param2，uint param3，uint param4，uint
param5）
    B （param1）
    C （param2，param3）
    D （param4）
    public
    {
        // do something with param5
    }
}
contract A is B，C，D {
    function A （uint param1，uint param2，uint param3，uint param4，uint
param5）
        B （param1）
        C （param2，param3）
        D （param4）
        public {
        // do something with param5
    }
}
```

当一个函数很短，且函数体只有一行语句时，可以将定义与函数体合并放在一行。如下例所示。

```
function shortFunction （） public { doSomething （）；  }
```

11）变量定义

在定义数组时，类型与起始括号之间不留空格。

推荐风格：

```
uint[] x；
```

不推荐风格：

```
uint [] x；
```

12）其他

字符串用双引号而不要用单引号。

推荐风格：

```
str = "foo"；
```

str = "Hamlet says，'To be or not to be...'";

不推荐风格：

str = 'bar'；

str = '"Be yourself；everyone else is already taken." -Oscar Wilde'；

二元运算符左右两边各留一个空格。

推荐风格：

x = 3；

x = 100 / 10；

x += 3 + 4；

x |= y && z；

不推荐风格：

x=3；

x = 100/10；

x += 3+4；

x |= y&&z；

当有多个运算符时，高优先级的二元运算符左右两边可以不留空格以突出此运算的优先级。

推荐风格：

x = 2**3 + 5；

x = 2*y + 3*z；

x = （a+b)*(a-b)；

不推荐风格：

x = 2** 3 + 5；

x = y+z；

x +=1；

6.8.2 命名习惯

当广泛使用一个统一的命名规范时，代码的可读性会极大加强。下列规则供参考：

（1）尽量避免使用小写字母l，大写字母I，大写字母O。这些字母容易和数字1以及数字0相混淆。

（2）合约及库的名字中每个单词首写字母大写，如 SimpleToken，SmartBank，BaseLibrary，Player 和 CertificateHashRepository。

（3）结构体的名字中每个单词首写字母大写，如 MyCoin，Position 和 PositionXY。

事件（event）的名字中每个单词首写字母大写，如 Deposit，Transfer，Approval，BeforeTransfer 和 AfterTransfer。

（4）非构造函数的函数名中第一个单词首写字母小写，后面的单词每个首写字母大写，如 getBalance，verifyOwner，addMember 和 changeOwner。

（5）函数参数名中第一个单词首写字母小写，后面的单词每个首写字母大写，如 initialSupply，recipientAddress，senderAddress 和 newOwner。

（6）写库函数时，如果该库函数对某个自定义结构体进行操作，则该结构体应该为第一个参数，且命名为"self"。

（7）局部及状态变量名中第一个单词首写字母小写，后面的单词每个首写字母大写，如 totalSupply，remainingSupply，balancesOf，creatorAddress，isPreSale 和 tokenExchangeRate。

（8）常量（constant）的命名中，每个单词都要大写，且单词间用下划线相连，如：MAX_BLOCKS，TOKEN_NAME，TOKEN_TICKER 和 CONTRACT_VERSION。

（9）修饰符名中第一个单词首写字母小写，后面的单词每个首写字母大写，如：onlyBy，onlyAfter 和 onlyDuringThePreSale。

（10）枚举类型名中每个单词的首写字母都大写，如：TokenGroup，Frame，HashStyle 和 CharacterLocation。

（11）尽量避免使用系统保留的关键字命名。

>>>>> **问题与思考**

（1）下列哪个是推荐格式？

格式 1：

```
thisFunctionCallIsReallyLong(
        longArgument1,
        longArgument2,
        longArgument3
);
```

格式 2：

```
thisFunctionCallIsReallyLong （longArgument1,
        longArgument2,
        longArgument3
);
```

（2）下列哪个是推荐格式？

格式 1：

```
contract A {
    ...
}
import "owned";
```

格式 2：

```
import "owned";
```

```
contract A {
    ...
}
contract B is owned {
    ...
}
```

（3）下列哪个是不推荐格式？

格式1：

```
spam（ham[ 1 ]，Coin（{ name："ham" }））;
```

格式2：

```
spam（ham[1]，Coin（{name："ham"}））;
```

（4）下列哪个是不推荐格式？

格式1：

```
contract Coin {
    struct Bank {
        address owner;
        uint balance;
    }
}
```

格式2：

```
contract Coin
{
    struct Bank {
        address owner;
        uint balance;
    }
}
```

（5）下列哪个是推荐格式？

格式1：

```
if （...) {
    ...
}
```

格式2：

```
if （...)
{
    ...
}
```

（6）下列哪个是推荐格式？

格式1：

```
function increment（uint x）public pure returns （uint）{
    return x + 1；
}
```

格式2：

```
function increment（uint x）public pure returns （uint）
{
    return x + 1；
}
```

（7）下列哪个是推荐格式？

格式1：

```
function explicitlyPublic（uint val）public {
    doSomething（）；
}
```

格式2：

```
function implicitlyPublic（uint val）{
    doSomething（）；
}
```

（8）下列哪个是推荐格式？

格式1：

```
uint[] x；
```

格式2：

```
uint [] x；
```

（9）下列哪些说法正确？

A.尽量避免使用小写字母l命名

B.尽量避免使用大写字母I命名

C.尽量避免使用大写字母O命名

（10）下列哪些说法正确？

A.非构造函数的函数名中第一个单词首写字母小写，后面的单词每个首写字母大写

B.枚举类型名中每个单词的首写字母都大写

C.尽量避免使用系统保留的关键字命名

参考文献

［1］ NAKAMOTOS.Bitcoin：A Peer-to-Peer Electronic Cash System［EB/OL］.［2019–10–20］. https：//bitcoincore.org/bitcoin.pdf.

［2］ BUTERINV. A Next-Generation Smart Contract and Decentralized Application Platform［EB/OL］.［2019–10–20］. https：//github.com/ethereum/wiki/wiki/White–Paper.

［3］ DR.GAVIN WOOD.Ethereum：A Secure Decentralised Generalised Transaction Ledgerbyzantium Version 7e819ec – 2019–10–20［EB/OL］.［2019–10–20］. https：//ethereum.github.io/yellowpaper/paper.pdf.

［4］ 周朝晖. 区块链概论［EB/OL］.［2019–11–04］. https：//u.naturaldao.io/be/.

［5］ 谭粤飞. Solidity 智能合约开发［EB/OL］.［2019–11–04］. https：//u.naturaldao.io/solidity/.

［6］ 宋波，张鹏，汪晓明，等. 区块链开发指南［M］. 北京：机械工业出版社，2017.

［7］ 张禾瑞. 近世代数基础［M］. 北京：高等教育出版社，1978.

［8］ 闵嗣鹤，严士健. 初等数论［M］. 2版. 北京：高等教育出版社，1982.

［9］ ROSINGM.Implementing Elliptic Curve Cryptography［M］. Greenwich：Manning Publications，1998.

［10］ CERTICOM RESEARCH.SEC 1：Elliptic Curve Cryptography［R］. Certicom Corp.，2000.

［11］ 佚名. Initial Coin Offering［EB/OL］.［2019–11–04］. https：//www.investopedia.com/terms/i/initial–coin–offering–ico.asp.

［12］ 佚名. 比特币地址生成算法详解［EB/OL］.［2018–09–25］. https：//www.cnblogs.com/zhaoweiwei/p/address.html.

［13］ 佚名. 比特币之 Merkle 树［EB/OL］.［2018–03–12］. https：//blog.csdn.net/suresand/article/details/79521905.

［14］ 佚名. btc_parser［EB/OL］.［2019–12–27］. https：//github.com/huangsuoyuan/btc_parser.

［15］ 百度百科. 共识机制［EB/OL］.［2019–12–27］. https：//baike.baidu.com/item/%E5%85%B1%E8%AF%86%E6%9C%BA%E5%88%B6/20234683?fr=Aladdin.

［16］ 均益. 比特币（Bitcoin）客户端源码编译流程［EB/OL］.［2018–03–11］. https：//www.jianshu.com/p/e1df6fed15e8.

［17］ 佚名. 以太坊中私钥、公钥、账户地址详解［EB/OL］.［2019–03–25］. https：//blog.csdn.net/u014454538/article/details/88796221.

［18］ 佚名. 基数树、Patricia树、默克尔树、梅克尔帕特里夏树（Merkle Patricia

Tree，MPT）［EB/OL］．［2019-05-27］．https：//blog.csdn.net/dilv4062/article/details/101597498.

［19］佚名．Linux 下 Go Ethereum 开发调试环境的搭建［EB/OL］．［2018-11-10］．https：//blog.csdn.net/superwiles/article/details/83915938.

［20］百度百科．超级账本［EB/OL］．［2019-12-30］．https：//baike.baidu.com/item/% E8%B6%85%E7%BA% A7%E8%B4%A6%E6%9C% AC / 17262292? fromtitle=HyperLedger&fromid=22171286&fr=Aladdin.

［21］佚名．Hyperledger Fabric Chaincode for Operators——实操智能合约［EB/OL］．［2018-02-05］．https：//www.cnblogs.com/aberic/p/8394714.html.

［22］佚名．搞不懂区块链中侧链、跨链是什么？读这一篇就够了！［EB/OL］．［2018-08-24］．https：//blog.csdn.net/kXYOnA63Ag9zqtXx0/article/details/82027023.

［23］佚名．密码学发展简史［EB/OL］．［2019-04-17］．https：//blog.csdn.net/jiang_xinxing/article/details/89360638.

［24］佚名．ECC 椭圆曲线详解［EB/OL］．［2017-08-18］．https：//www.cnblogs.com/Kalafinaian/p/7392505.html.

［25］CORBELLINI. Elliptic Curve Cryptography：finite fields and discrete logarithms［EB/OL］．［2015-05-23］．https：//andrea.corbellini.name/2015/05/23/elliptic-curve-cryptography-finite-fields-and-discrete-logarithms/.

［26］百度百科．Hash（散列函数）［EB/OL］．［2019-12-30］．https：//baike.baidu.com/item/Hash/390310?fr=Aladdin.

［27］百度百科．SHA 家族［EB/OL］．［2019-12-30］．https：//baike.baidu.com/item / SHA% E5%AE% B6%E6%97%8F /9849595? fromtitle= % E5%93%88%E5%B8%8C% E7%AE%97%E6%B3%95&fromid=4960188&fr=aladdin.

［28］佚名．SHA256算法原理详解［EB/OL］．［2018-07-03］．https：//blog.csdn.net/u011583927/article/details/80905740.

［29］佚名．SHA256算法原理［EB/OL］．［2019-09-11］．https：//www.cnblogs.com/ustc-anmin/p/11506528.html.

［30］佚名．Keccak 算法［EB/OL］．［2019-11-23］．https：//www.cnblogs.com/sky1130/p/11918794.html.

［31］佚名．区块链中的数字签名技术［EB/OL］．［2018-08-12］．https：//www.jianshu.com/p/39693b9e87ab.

［32］佚名．ECDSA 数字签名算法［EB/OL］．［2018-05-09］．https：//blog.csdn.net/m0_37458552/article/details/80250258.

［33］佚名．Secp256k1［EB/OL］．［2019-04-24］．https：//en.bitcoin.it/wiki/Secp256k1.

［34］佚名．量子密码入门［EB/OL］．［2012-10-16］．http：//blog.sina.com.cn/s/blog_5420e00001019eiv.html.

［35］百度百科．拜占庭将军问题［EB/OL］．［2019-12-30］．https：//baike.baidu.com/item/%E6%8B%9C%E5%8D%A0%E5%BA%AD%E5%B0%86%E5%86%9B%E9%97%AE%E9%A2%98/265656?fr=Aladdin.

［36］佚名．区块链常见共识算法总结［EB/OL］．［2018-03-04］．https：//blog.csdn.net/xiangzhihong8/article/details/79435295.

［37］佚名．Sharding FAQ［EB/OL］．［2019-04-18］．https：//github.com/ethereum/wiki/wiki/Sharding-FAQ.

［38］佚名．共识算法之争（PBFT，Raft，PoW，PoS，DPoS，Ripple）［EB/OL］．［2018-06-08］．https：//www.cnblogs.com/X-knight/p/9157814.html.